신독
愼獨

신독

홀로 온전해지는 삶의 기술

장경 지음

愼
獨

한스컨텐츠

신독, 진정한 자립에 이르는 길

인간은 본래 신의 능력을 갖고 있었다. 그런데 어느 날 신들이 모여 회의를 열었다. 인간이 신성(神聖)에서 나온 신의 능력을 함부로 사용하니, 인간으로부터 신성을 박탈해서 감춰버리자는 것이었다.

합의를 본 신들은 다양한 의견을 냈다. 가장 높은 산의 꼭대기에 감추자, 바다 깊숙이 감추자, 대륙의 끝에 감추자, 땅 깊숙한 곳에서 감추자 등등 의견이 분분했다.

야단법석을 정리한 것은 신들의 왕, 범천왕(梵天王)이었다.

"다들 틀렸소. 인간이라면, 아무리 높은 곳이라도, 아무리 깊숙한 곳이라도 반드시 찾아내고야 말 것입니다."

"그러면 어떻게 하자는 말입니까?"

다시 신들이 들끓어 오르자, 범천왕이 한 손을 높이 들어 올리며 좌중을 침묵하게 만든 후 천천히 말을 이었다.

"신성을 숨기는 방법은 오직 하나밖에 없습니다. 인간 자신의 마음 깊숙한 곳에 숨기는 것입니다. 아무리 뛰어난 인간이라 해도, 결코 그곳은 발견해내지 못할 것입니다."

신들은 놀라운 발상이라면서 다들 동의했다. 그날 이후로 신의 능력을 박탈당한 인간은 무엇인가 허전함을 느끼며 세상 곳곳에 자신을 채워줄 그 무엇인가를 찾아 헤맸다. 하지만 공허함은 끝내 사라지지 않았다.

이 이야기는 인도에서 오랫동안 내려오는 전설이다.

우리가 가장 우선적으로 구해야 할 것은 무엇인가? 그리고 그것은 어디에서 찾을 수 있는가? 이 책, 신독의 이야기는 여기에서부터 출발한다.

커뮤니케이션은 인터넷과 페이스북, 트위터, 카카오톡 등과 같은 소셜 네트워크 서비스(SNS, Social Network Services/sites)나 스마트폰이 발달하면서 폭발적으로 증대했다. 교통 통신수단이 발달하면서 오프라인의 만남은 증폭되었고, 다시 온라인 만남까지 증폭하면서 상호 시너지 효과가 일어나 관계 과잉의 시대를 살고 있다.

심지어 밥 먹을 때나 화장실을 갈 때도 사회적 연결망 기계인 스마트폰을 들여다보니 대다수의 사람이 잠시라도 커뮤니케이션을 하지 않으면 허전함을 느끼는 관계 중독 증후군에 어느 정도는 발을 담그고 있다.

이것이 마냥 좋은 일인가? 온라인 공간을 살펴보면, 온갖 자극적이고 선정적인 내용과 익명의 사람이 주고받는 폭력으로 가득 차 있다. 오프라인 현실 세계의 문제점이 온라인에서는 더욱 적나라하게 드러나는 것이다.

과거보다 훨씬 빠르게 세상의 질병은 온전히 우리의 질병이 되고 있으며, 관계가 주는 알량한 즐거움에 마취되고 길들여져 타인의 욕망을 욕망하며 자신의 진짜 삶을 잃어가고 있다. 빠르게 변하는 미래는 예측할 수 없을 정도로 캄캄해 보이고, 정보는 많지만 내면은 더욱 빈곤해지고 있다.

홀로 설 수 없는 환자들이 세상으로 쏟아져 나와 서로 기운을 뺏고 뺏기며 이전투구를 벌이니, 병든 세상과 일정한 기간 단절하든 하루에 한두 시간이라도 세상과 단절된 자기만의 시간을 잘 활용하지 않으면 병든 자신을 고칠 수 없다.

각종 통계를 보면, 오프라인에서는 1인 가구가 가장 다수인 시대로 넘어가고 있다. 음식점 같은 환경부터 소소한 상품들까지 솔로들을 위한 사회로 변하고 있다.

그러나 혼자 산다고 다 자립한 것이 아니다. 혼자 사는 법을 익힌 사람, 진정으로 자립한 사람이 제대로 된 관계도 할 수 있는 법인데, 현 세태는 운전 면허증이 없는 사람이 차를 끌고 나온 형국이다. 운전할 줄 모르는 사람이 핸들을 잡고, 길을 모르는 사람이 내비게이션도 없이 장거리 인생길을 떠난 모양새니 매일 사람이 죽고 다치고 삿대질하고 서로 비난하며 다투기에 여념이 없다.

진정으로 자립하는 방법, 세상과 올바르게 관계하는 방법은 2,500년 전 동양의 철학자부터 불과 수십 년 전 서양의 철학자, 심리학자까지 지혜롭고 위대한 선현이 일생을 고민하고 검증하면서 정초해놓은 많은 지침이 있다.

그러나 대다수가 매뉴얼이 있어도 거들떠보지 않고 같은 실수를 반복하며 고통받고 있다. 길이 있으나 알지 못하고, 길을 알아도 제대로 알지 못해 의심하며, 공력을 들여 변하려고 하지 않는다.

필자는 이 책을 통해서 그 길을, 실천적 방법을 정리해보고자 했다. 그 과정에서 벼리, 그물코가 될 수 있는 핵심 개념을 사서 중 『중용』과

『대학』에서 제시한 신독(愼獨)에서 찾을 수 있었다.

『대학』과『중용』은 자신을 닦아 세상을 다스리는 수기치인(修己治人)의 길을 제시한 경전인데 수기, 즉 수신(修身)의 핵심으로 신독을 제시하고 있다. 그래서 여기에 근거해 신독을 키워드로 내 삶의 주인공으로 자립하는 길, 조화롭게 세상을 살아갈 수 있는 방법을 정리했다. 한편으로는 신독을 키워드로 사서 중 가장 철학적이라는『중용』을 쉽게 풀이하기도 했다. 신독을 잘 알려면『중용』을 이해하는 것이 선행되어야 하기 때문이다.

신독은 홀로 있을 때도 도리에 벗어나지 않도록 말과 행동을 삼간다는 뜻으로 많이 쓰인다. 하지만 고전에서는 훨씬 더 깊이 있고 확장된 의미로 쓰인다. 경전에 나온 신독의 개념을 정리하면 이렇다.

신독의 신(愼)은 삼가다, 진실로, 참되다, 이룩하다라는 뜻이 있다. 독(獨)은 2가지 의미가 있다. 남들이 보지 않는 곳에 혼자 있는 물리적인 홀로 있음과, 흉중(胸中)에 숨겨진 나의 마음이라는 뜻이 있다.

따라서 신독은 홀로 있는 시간을 참되게 하고, 나의 마음을 참되게 한다는 것이다. 참되게 한다에는 삼간다는 의미가 포함되므로 이 책에서 협의로는 삼간다로, 광의로는 참되게 하다로 쓸 것이다.

마음을 참되게 하고, 홀로 있는 시간을 참되게 해 언제나 한결같음을 얻는 것은『대학』의 표현을 빌리면, 심광체반(心廣體胖)할 수 있게 한다. 마음이 넓고 여유로워지고, 몸도 반듯하고 편안해지는 것이다.

심신이 건강해지는 것을 넘어, 자기 삶의 주인공으로 살아가는 비결이 신독에 있다. 자신의 마음, 자기 자신을 스스로 통제하면 자기 인생의 주인공이 될 수 있다. 나아가 신독은 천리(天理)를 밝혀, 신명과 통하게 하니 높은 차원의 지혜와 힘을 얻는 길이 되기도 한다. 이렇게 밝힌 천리는 본성(本性)을 되찾은 진정한 나다. 덧없는 자아의 탈을 벗어던진 진정한 자신, 초월적 자아다. 한마디로 신독은 실천적인 훈련을 통해 고차원적인 지혜와 능력을 얻고, 자기 인생의 주인공으로 자립하는 길이다.

이 책의 구성을 살펴보자. 1장은 신독에 대한 시대 상황의 근거를 다루었다. 2장은 신독의 정신적 근거가 되는 천리(天理, 하늘의 바른 이치)가 무엇인가에 대한 내용이다. 3장과 4장은 신독의 기본 개념으로 마음을 삼가는 것과 홀로를 삼가는 것을 다루었다. 5장에서 11장까지는 신독을 구체적으로 실천하는 방법인데 자신과 자신의 삶을 실질적으로 변화시키는 내용이다.

지금부터 이 책을 통해 그 신독에 대해서 하나씩 파헤쳐가는 여정을 함께 떠나도록 하자. 그전에 한두 가지 밝혀둘 부분이 있다.

이 책에 적힌 몇 가지 개인 일화는 대부분 사실에 기반을 둔 것이지만, 사실을 바탕으로 각색했는데 이유는 오래전 일이라 기억이 정확하지 못한 탓이기도 하고, 주된 이유는 등장인물들의 프라이버시 때문이다.

참고로 이 책을 쓰기 위해 주요 원전(元典)으로 삼은 것은 사서삼경 중 『대학』 『중용』을 비롯하여 『역경』 『시경』, 명나라 정민정의 『심경부주』, 명나라 홍자성의 『채근담』 등임을 밝혀둔다.

차례

1장

화이부동(和而不同):
패러다임의 전환과 신독

5가지 신

신독이란 무엇인가? 신독의 신(愼) 자체로는 삼간다는 의미지만, 파자해보면 마음 심(心)과 참 진(眞)이 합해진 글자다. 즉 신독의 신은 마음을 참되게 한다는 뜻과 삼간다는 뜻을 가지고 있다. 독(獨)은 들어가며에서도 말했지만, 홀로라는 의미와 가슴속에 숨은 마음이라는 의미가 있다. 따라서 신독은 마음을 참되게 하고 홀로 있음을 참되게 한다는 의미다.

신독, 마음과 홀로 있음을 참되게 한다는 것은 무엇인가?

신독의 기본 의미를 신(愼)과 같은 음을 가진 글자들에 빗대어 이야기하고자 한다. 이 책을 읽는 데 도움이 될 것이다.

마음을 참되게 하고, 홀로를 있음을 참되게 하는, 신(愼)은 5가지 신으로 그 의미를 굵직하게 정리해볼 수 있다. 5가지 신이란 믿음, 삼감, 새로움, 새벽, 신명이다.

첫째, 신(愼)은 믿을 신(信)이다. 사람의 위대한 본성(本性), 천리(天理)와 자기 자신의 존재 가치를 절대적으로 믿고 긍정하는 것을 생의 모든 출발점으로 삼는 것이 신독이다.

둘째, 신(愼)은 삼갈 신(愼)이다. 삼감으로 나 자신의 통제력을 회복하는 것이 신독이다. 방종, 오만, 방탕, 나태하도록 내버려두지 않고 내 마음의 맹아(萌芽)를 살펴 도리에 맞게 하는 것이 신독이다. 삼가서 내외와 표리를 같게 하고, 한결같음을 얻는 것이 신독이다. 그것으로써 나 자신과 내 삶의 주인공이 되는 것이 신독이다.

셋째, 신(愼)은 새로울 신(新)이다. 마음에 한 물건도 남기지 않고, 가을 하늘처럼 쾌청하게 바람처럼 가볍게 오늘을 산다. 후회도 두려움도 없이 매일 새로운 인생을 충만하게 사는 것이 신독이다.

넷째, 신(愼)은 새벽 신(晨)이다. 신독의 홀로 있음은 새벽에 홀로 있는 시간을 말한다. 새벽은 하루를 시작하기 전이라는 상징적인 시간이다. 새벽에 홀로 참된 나를 만나고, 미래를 만들어가는 자신만의 절대 시간을 갖는 것이 신독이다. 그래서 신독(愼獨)은 신독(晨獨)이다.

다섯째, 신(愼)은 신명 신(神)이다. 신독(愼獨)은 신(愼)으로 상대적인 세계를 떠나, 한 사람만이 들어갈 수 있는 좁은 문을 통과해 일대일로 절대적인 만남을 갖는 것이다. 홀로 신을 독대(獨對)하고, 한결같이 신과 동행하며, 힘과 지혜를 얻는 것이 신독이다. 따라서 신독(愼獨)은 신독(神獨)이다.

이 책에 담긴 신독은 이보다 의미가 훨씬 풍성하다. 이 5가지 신을 제대로 된 여행을 위한 하나의 이정표로 삼아보자.

장미의 전쟁

다소 개인적인 이야기로부터 시작해볼까 한다. 새천년이 시작된 지 얼마 지나지 않았을 무렵이다. 나는 막 한국에서 불붙은 인터넷 사업 분야 중, 웹(web)에서 온라인으로 심리 상담 콘텐츠를 제공하는 일을 진행하고 있었다. 당시 명문 대학을 졸업한 심리학 박사들을 여럿 만날 수 있었다. 그분들과 다양한 교류를 하고, 재미있고 실험적인 여러 심리학 콘텐츠를 생산하면서 많이 배웠고, 일을 한다기보다는 흥

미로운 학술 세미나를 진행하는 것 같았다.

그때의 시간들은 오랫동안 심리학에 관심을 갖고 공부할 수 있는 계기가 되었다. 그분들이 공적인 장소나 사적인 장소에서 아무렇지 않게 던졌던 심리학에 관한 이야기가 나에게는 삶을 통해서 실험해 볼 수 있는 다양한 화두가 되기도 했다.

그중에서 이 책의 주제와 관련 있는 에피소드를 소개하겠다. 무더운 여름날이었다. 웹사이트에 등록할 프로필 사진 촬영을 스튜디오에서 마친 후, 뒤풀이가 있었다. 건강이 좋았던 젊은 시절이라 나는 선생님들이 하나둘씩 자리를 비우고 마지막 분이 남을 때까지 자리를 지켰다.

앞자리에 앉은 선생님은 나보다 연배가 꽤 많았는데 당시 대기업에서 과장급 직위를 가진, 전문 상담가로 활동하고 있는 분이었다. 나이는 많으셨지만 길게 파마를 한 머리칼, 달걀형의 갸름한 얼굴에 지혜를 담은 맑은 눈을 가진 선생님은 나이를 무색케 하는 인간적인 매력이 있었다.

이런저런 이야기를 나누던 중 결혼 이야기가 나왔고, 선생님은 경험담을 들려주었다. 선생님은 국내 최고 학부에서 박사 학위까지 취득하고 결혼을 한 심리학 전문가였지만, 결혼 생활 초에는 순탄치만 않았다고 했다.

다른 사람의 가정생활에 관한 고민을 들어주고 해결해주는 전문 상담가가 정작 자신의 문제는 풀지 못했던 것이다. 중이 제 머리 못 깎는다는 속담처럼 의사가 자기 병은 못 고치는 격으로 숱하게 접했던 고민이 자신의 문제가 되었을 때는 그 매듭을 풀기가 만만치 않았던 것이다.

신혼 초 1~2년은 남편과 치열한 다툼이 있었다고 한다. 그러나 선생님은 지혜로운 분이어서 전쟁 같은 상황에서 빠져나올 수 있었다고 했다. 그쯤 되면 궁금해질 수밖에 없다. 나는 남은 생맥주를 들이키고 물었다.

"어떻게 해결된 겁니까? 애가 생겨서?"

"아뇨. 애는 한참 뒤 일이고요. 어느 순간 어떤 깨달음 같은 게 생겼어요."

"깨달음?"

"예. 남편이 없어도 내가 행복할 수 있겠구나라는 깨달음이요. 그날 이후로 모든 게 편해졌어요. 남편과의 관계도 좋아졌고요."

그 선생님의 셀프 처방은 역설적이면서도 단순했다. 내 행복이 상대방에게 달려 있지 않다는 것을 깨달았을 때 상대방에게도 온화하고 합리적으로 대할 수 있다.

사랑한다는 미명하에 상대방에게 의존하고 있지는 않은가? 결국 가장 가깝다고 느끼는 배우자와의 관계에서도 적당한 거리를 유지할 수 있을 때, 서로가 독립된 존재라는 게 선행될 때, 행복한 공동체 생활을 지속할 수 있다.

우리는 모든 관계에서 얼마나 독립적인 태도와 능력을 갖고 있는가? 참된 관계를 만들어가려면 홀로 설 수 있어야 한다. 하지만 이 홀로 선다는 것은 우리가 일반적으로 생각하는 것보다 훨씬 더 큰 개념이고, 결코 쉬운 일이 아니다.

워싱턴대학의 심리학 명예 교수로 재직 중인 존 가트맨은 대인 관계 관련 논문을 100편 넘게 썼는데, 『행복한 부부 이혼하는 부부』라는 책으로 유명하다.

존 가트맨은 일반인이 잘 모르는 결혼 생활의 진실을 말했다.

"결혼 생활에서 일어나는 대부분의 갈등은 결코 해결될 수 없으며, 70%에 가까운 갈등은 죽을 때까지 해결할 수 없다." 즉 각 개인의 가치관, 인생관은 변하지 않으니 상대방을 독립된 개체로 존중하는 것이 행복한 결혼 생활을 유지하는 비결이라는 말이다.

1923년에 발간된 책으로, 『성경』 다음으로 많이 팔렸다는 『예언자』 중 「결혼에 대하여」에서 칼릴 지브란은 말한다.

신의 고요한 기억 속에서조차 너희들은 함께 있을 것이다.
그러나 함께 있되 너희들 사이에 공간이 있도록 하라.
그래서 천국의 바람들이 너희들 사이에 춤추게 하라.

함께 서 있으나 너무 가까이 서 있지는 말라.
영적인 사원의 기둥들도 서로 떨어져 있듯
참나무와 삼나무도 서로의 그늘 속에서는 자랄 수 없기 때문이다.

가장 친밀한 관계에서도 거리가 필요하고, 독립이 선행한다. 독립은 관계에서 밀려나는 고립이 아니다. 참된 독립을 할 수 없는 이들이 혼자만의 공간에 있을 때, 자신의 삶을 바로 세우지 못하고 방만하고 나태해지면서 망가진다.

참된 독립을 할 수 없는 사람이 함부로 관계에 뛰어들다 보니, 가장 사랑한다고 믿었던 사람끼리도 장미의 전쟁을 벌이며 날선 가시로 상처 주고 으르렁거리다가 결국 전쟁터로 변할 수밖에 없다. 자립할 수 있는 사람은 상대방에게 의존하거나 기대하지 않으므로 상대방을 원망하거나 상처 주지 않는다. 이렇듯 적당한 거리를 유지해야 필요한 관계를 맺을 수 있다.

가장 가깝다는 부부 생활부터 직장 생활까지 모든 사회생활이 결국은 각 개체 간의 관계다. 우리는 자신만의 고유성을 유지하며 각자의 길을 가면서 함께 호흡하고 필요한 것을 주고받는 것이지 하나가 되려고 해서는 안 되고, 그렇게 될 수도 없다.

참된 독립은 혼란스럽고 폭력적인 가면 놀이에 빠져 있는 우리 사회에서, 깨어 있는 정신으로 내면을 오랫동안 충실하게 가꿔온 사람에게나 가능한 일이다. 우리는 그러한 길로 가야 한다.

공자는 『논어』에서 군자는 화이부동(和而不同, 화합하되 하나가 되지 않는다)이라고 했다. 20세기는 강제적인 동일시를 강요당하는 시대였다. 유대인이거나 반유대인이었다. 공산주의자가 아니면 자유주의자였다. 21세기에 들어 우리는 부동(不同)의 분산과 화(和)하는 연결 통합으로 향하고 있다. 이러한 시대에 우리에게 필요한 정신이, 바로 각기 다른 고유한 개체로서 화합하는 화이부동의 덕목이다.

신유학의 창시자 정자와 주자가 제시한 성리학의 핵심 개념 중 하나가 이일분수(理一分殊)다. 절대적 이치는 하나며 개체는 그 이치를 나눠 가지는 것이다. 전체 대열을 볼 수 있어야 자신의 정확한 위치를 파악할 수 있으니, 고유한 분수를 안다는 것은 자신의 운명을 안다는 것, 진정으로 무엇인지를 안다는 것이다. 신독은 삼감으로 절대적 이치에 도달해 자신의 고유한 분수를 파악하는 길이다.

고유한 분수가 현실 세상에 나올 때는, 기질이 이치의 그릇이 되어 각자의 고유한 기질이 형성된다. 비록 개체는 기질에 국한되지만, 이치는 만물에 막힘없이 통하니 개체가 분수를 통해 천리와 연결되고, 그 연결을 통해 개체와 개체가 단절 없이 통하게 된다. 이로써 세상 만물이 연결되고, 개체는 보편성과 고유성을 합일해서 가진 존재가 된다. 조금 어려울 수 있으나 이 책에서 반복되는 개념이니 함께 들여다보자.

우리는 20세기까지 인류를 지배했던 상호 대립의 이원론적인 사고방식에서 벗어나, 보편 진리와 고유성이 공존하는 사고방식으로 전환해야 한다. 통합 연결과 분산처럼 보편 진리와 고유성처럼 공(空)과 색(色)처럼 모순된 2가지 합일, 분산 연결 사회의 이중성, 입자와 파동의 이중성, 이일분수(理一分殊), 공즉시색(空卽是色), 화이부동(和而不同)이 21세기 현대인에게 반드시 필요한 철학의 화두다.

성(城)에 들어가고 싶은 사람

이 글을 읽는 여러분은 가장 의지하는 사람이 누구인가?

염량세태(炎涼世態)라는 말이 있다. 한자 그대로 풀이하면 뜨겁고 차가운 세상의 모양이라는 뜻이다. 상황에 따라 이익에 따라 쉽게 바뀌는 세상의 인심을 꼬집는 말이다.

전국 시대 중국의 최강자는 진나라였다. 이 진나라를 대응하는 전

술에 합종과 연횡이 있었다. 합종은 한·위·조·연·제·초의 여섯 나라가 종으로 연합해 진나라와 맞서는 것이고, 연횡은 진나라가 이들 여섯 나라와 횡으로 개별 동맹을 맺어 균형을 이루는 전략이다.

낙양 출신의 소진은 소의 꼬리가 되느니 닭의 머리가 되자는 신조를 내세우며 약소국이 합종 정책을 맺게 했고, 여러 나라의 재상이 되어 천하를 주유했다. 소진은 훗날 연횡 정책을 펼쳐서 이름을 얻게 되는 장의와 함께 청년 시절에는 귀곡자(鬼谷子)라는 동일한 스승에게서 가르침을 받았던 인물이다.

한편 6국의 재상이라는 성공을 거둔 소진이 젊었을 때 진나라로 나아가 유세를 했을 때는 채택되지 않았다. 기가 죽어 고향 집으로 돌아왔는데, 아내는 옷을 손질하면서 마중 나오지 않았고, 형제들도 상대해주지 않았으며, 형수는 밥조차 차려주지 않았다고 한다. 그러던 소진이 수년 후 합종 정책으로 성공한 후 마차를 길게 늘어뜨리며 제왕의 옷차림으로 산천을 여행하던 중 고향인 낙양에 들렀다. 형제와 아내는 연신 고개를 숙이며 소진을 맞이했다. 심지어 정성스럽게 음식을 갖다 바치자 소진이 의아해하며 물었다.

"예전에는 본 척도 않더니 지금은 왜 극진하게 대하십니까?"

형수가 대답하기를, "공자께서 높은 관직에 올랐고 재물도 많으니까요."

이 말을 듣고 소진은 "나는 변한 것이 없는데, 가난할 때는 무시하고 출세하니 엎드려 절을 하는구나. 가족들이 이런데 타인들은 말해 무엇 하겠는가"라고 탄식했다고 한다.

이 이야기가 극단적인 사례라고 여겨질지 모르겠다. 하지만 정도 차이는 있을지라도 가족도 결국은 상대적인 관계의 하나다. 가장 도움이 된다거나 대신 죽을 수 있을 정도로 사랑하는 것은 가능하다. 독립운동가나 선량한 사람도 사랑하는 나라나 타인을 위해 목숨을 바칠수 있다. 하지만 여기서 말하고자 하는 것은 각 개체는 완전히 상대를 이해할 수는 없으며, 본질적으로는 각기 다른 자신만의 기질을 갖고 있다는 것이다. 그리고 상대적 관계는 언제든 큰 변화를 겪을 수있다.

카프카의 『변신』이 많은 사람의 공감을 불러일으키며 고전 반열에오른 것도 같은 이유다. 『변신』에서 돈을 벌어오던 그레고르가 해충으로 변신하자 가족 구성원들은 갈등하다 나중에는 그를 없앨 모든 방법을 강구한다. 결국 주인공이 죽자 가족들은 한결 가벼워진 마음으로 공휴일에 소풍을 떠난다.

이렇게 염량세태의 세상을 살면서도 우리는 관계에 목을 매고, 어떻게든 관계로 가득한 조직 또는 특정한 성(成)에 들어가려고 안달한다.

2018년 3월 현재, 우리나라 실업자 수는 125만 7,000명으로 2000년 이후 최고치를 기록하고 있다. 청년 실업률 역시 11.6%에 달하며 2013년 이후 매년 기록을 갈아 치우고 있다. 현 정부의 공무원 증원정책에 따라 공무원 시험 응시자 수는 2017년 9급 공무원 시험에 합격한 사람은 1만 1,665명인 데 반해, 응시자 수는 무려 35만 8,135명이라고 한다.

평소에는 재벌의 부도덕함과 사람을 노예나 부속품처럼 취급하는 대기업의 갑질을 욕하면서 정작 취업 시즌에 대기업 응시자 수는 수

백 대 일의 경쟁률에 다다른다.

우리나라는 경제협력개발기구(OECD, Organization for Economic Cooperation and Development) 국가 중 2003년 이후 자살률 1위를 한 차례도 내주지 않고 있다. 하루에 36명씩, 40분에 1명씩 스스로 목숨을 끊는 비극적인 세계에서 우리는 살고 있다.

대다수의 경우 당장 취업하지 않는다고 굶어 죽는 사회는 아니다. 남들보다 형편이 어려울 뿐이다. 국민 소득이 3만 달러에 이르렀고, 저성장 시대이며, 1차 집단 간의 유대도 끈끈한 사회에 기대 수명은 90에 육박한다. 이런 복합 요소들을 고려해볼 때, 현재의 어려움을 견디면서 장기적으로 미래를 준비할 수도 있을 것이다. 그러나 한편으로 우리는 끝없이 비교와 경쟁을 강요받는 사회를 살고 있다.

그렇다 보니 앞길이 구만리 같은 젊은 층들이 당장 어딘가에 소속되지 못하면 불안해한다. 어린 시절부터 학교라는 공동체를 비롯해 조직 생활을 하면서 뼈가 굵은 중장년층도 예외는 아니다. 이유는 무엇인가? 낙오에 대한 공포 탓이다. 우리는 어딘가에 소속되고 싶어한다. 공동체에서 밀려나는 것에 공포가 있으며, 그렇기에 끝없이 다른 사람과 자신을 비교하면서 자신이 공동체에 안착했는지, 몇 등 정도인지 확인하려고 든다. 배고픈 것은 참아도 배 아픈 것은 못 견딘다.

실존주의 작가로 유명한 카프카는 1883년 7월 프라하에서 태어났다. 카프카는 일생 중산층의 그럴듯한 삶과 작가의 길 사이에서 고민했다. 섬세한 성격의 소유자였으나 가족들의 기대를 충족시켜주는 충실한 아들이고자 했다.

하지만 자유롭고 예민한 작가의 정신은 카프카를 정상적인 삶을 살게 하지 않았다. 세 번 약혼했으나 모두 결혼에 실패했다. 엄숙하고 보수적인 아버지를 경멸하면서도 아버지의 강인함을 동경했다.

법률대학을 졸업하고 낮에는 보험 회사에서 일하고, 밤에는 글을 썼다. 카프카는 글을 쓸 수밖에 없었다. 1913년 자신에 대해 누군가에게 탄식하듯 말했다.

"나의 모든 실존이 문학에 달려 있다. 나는 지금껏 이 길을 걸어왔다. 내가 만약 글 쓰는 것을 포기한다면 살아남지 못할 것이다."

하지만 카프카는 보험 회사를 14년 동안이나 근무했다. 현실의 삶과 꿈꾸는 삶 사이에서 방황하며 "신은 내가 글을 쓰는 것을 좋아하지 않는다. 하지만 나는 써야 한다"고 울부짖으며서 말이다.

카프카가 말한 신은 아마 그럴듯한 장식과 가구를 갖춘 집 같은 존재, 혹은 어린 시절 안위를 보장해준 엄격한 아버지 같은 존재가 아니었을까?

한편으로는 카프카의 고통스러운 독백이 부럽기도 하다. 지하에서 카프카가 묻는 것 같다.

"당신에게는 당신의 모든 실존이 달려 있는 그 무엇이 있는가?"

카프카의 『성(Das Schloss, 城)』을 원작으로 한 연극을 본 적이 있다. 1922년에 쓴 이 작품은 미완이다.

토지 측량 기사인 주인공 K는 감독관으로 일하라는 요청을 받고 성으로 간다. 성과 계약한 문서를 갖고 입성하려 하나 마을 사람들은 경계할 뿐이다. 성에서는 K에게 조수를 2명 보냈다. 그런데 그 조수 둘은 측량 방면에 문외한이다.

눈이 펄펄 내리는 마을을 전전하며 K는 입성하기 위해 애를 쓴다. 하지만 구체적으로 무슨 일을 해야 하는지 알 수 없다. 시간이 흐를수록 성이 과연 나를 필요로 하는지조차 알 수 없다.

인근 마을에 머물며 성에서 불러주기를 K는 마냥 기다린다. 약속은 미뤄지고, 관공서에서는 이쪽에서 저쪽으로 K를 다람쥐 쳇바퀴 돌듯 오가게 할 뿐이다. 문서의 향연만 있을 뿐 주인공의 입성은 허락되지 못하고 주인공은 소외된다.

K는 경계심 가득한 마을에서 한 여인을 만나 사랑을 하고, 결혼을 한다. 원하지는 않았지만 아내의 요청으로 학교 급사 일을 하면서 입성할 날을 손꼽아 기다린다. K는 온전히 마을에 속하지 못하고, 성으로 들어가지도 못한 불확실한 존재로 떠돌며 성으로 꼭 들어가야 한다는 아득한 욕구에만 시달릴 뿐이다. 미완성 소설처럼 K는 미완으로 불안하게 남아 있다.

굳이 정리하면 현대 사회의 규율화되고 체계화된, 냉혹한 장벽 앞에 소외된 인간의 형상이다. 카프카가 던진 이러한 주제 의식은 현대인들의 마음에도 깊이 와닿을 수 있다.

우리는 모두 성에 들어가고 싶어 한다. 때로는 권모술수를 쓰고, 때로는 자신을 속이고, 때로는 신념과 다른 일을 적절히 타협하면서 어떻게든 입성하려고 한다. 그 성에 들어가지 못한다는 절망감에 우리들 중 일부는 극단적인 선택을 하기도 한다. 낙오하지 않고 살아남은 이들조차 불안정하고 불확실하기는 매한가지다.

왜 K는 자신이 떠나온 곳으로 돌아가지 못했을까?

마을에 남아 있으라

2001년 9월 11일, 이슬람 원리주의자들은 총 4대의 비행기를 납치했고 뉴욕에서 출발한 비행기 2대는 세계무역센터(WTC, World Trade Center)에 자살 테러 공격을 벌였다. 한 대는 오전 8시 46분 WTC 북쪽 타워에 부딪쳤고, 한 대는 오전 9시 3분 남쪽 타워에 충돌했다. WTC 안에 남아 있던 대다수가 즉사했는데 이 사고로 순식간에 3,000명에 달하는 사람이 사망했다.

이 참사에는 잘 모르는 이야기가 숨어 있다. WTC 안에 있는 사람들이 테러 공격을 알았다는 사실이다. 첫 비행기가 WTC를 들이받기 직전, 건물 내 대다수가 이 사실을 알고 건물을 황급히 빠져나가기 시작했다. 때마침 안내 방송이 나왔다.

"모두 사무실에 남아서 구출해줄 때까지 기다리라"는 방송이었다. 매뉴얼을 따르라면서 말이다.

서둘러 탈출하려던 사람들은 사무실의 자리로 돌아갔다. 직감만 믿은 소수의 사람만 건물을 빠져나와 목숨을 건졌다.

한국 사람이라면 누구나 이 이야기를 들으면 생각나는 사건이 있을 것이다. 2014년 4월 16일, 세월호 참사다. WTC 같은 세계 중심지에서 재능을 꽃피워보기도 전인 어린 학생들 300여 명이 사망한 사건이다.

이때도 끔찍한 안내 방송이 계속되었다. 선장과 선원들은 침몰이 임박한 순간까지 학생들에게 안내 방송을 했다.

"구하러 올 때까지 객실에 남아 있으라."

그리고 침몰 직전 선장과 선원들은 전부 배를 빠져나가 해경에 구조되었다.

이러한 일은 오프라인에서만 벌어지는 게 아니다.

2018년 4월 10일, 페이스북의 수장 마크 저커버그는 늘 입고 다니던 캐주얼을 벗고, 반듯한 양복 차림으로 미국 의회에 출석해 개인 정보 유출을 사과했다.

페이스북 발표에 따르면, 대통령이 된 도널드 트럼프를 지원하던 영국의 데이터 수집 회사 케임브리지 애널리티카는 8,700만 명에 달하는 페이스북 이용자들의 정보를 갖고 있을 것이라고 했다. 완곡하게 표현했지만, 정치 컨설팅 업체와 고객의 비밀스러운 정보를 부적절하게 공유했음을 인정한 셈이다.

페이스북은 우리의 좋아요를 통해서 우리의 취향이 어떻고, 우리가 무엇을 하면서 시간을 보내고, 무엇을 다른 사람과 공유하는지 정확히 파악하고 있다. 우리가 앱 이용을 위해 무심코 승인했던 권력을 가지고 우리의 사진을, 우리의 심리 테스트를, 우리의 영화 취향과 정치 취향을 소상히 들여다보고 있다. 그 데이터들을 바탕으로 우리에게 각종 정보를 푸시하고 우리가 무엇을 사야 할지, 어떤 행동을 해야 할지 유도한다.

우리는 낙오되거나 소외되지 않기 위해 이 사회적 연결망 서비스라는 온라인 마을에 적극 뛰어들었다. 우리가 그 속에서 도취되어 있는 동안, 이 강력한 시스템에서 우리는 발가벗겨지고 있고, 어느새 그들이 이끄는 대로 움직이고 있다는 사실을 망각하고 있다.

SNS 대표 기업이지만, 페이스북만의 일탈 행동이라고 생각할 수도 있을 것이다. 이번 페이스북 사건을 조사하면서 트위터 역시 2015년 같은 업체에 개인 정보를 판매한 사실이 밝혀졌다. 2013년에는 방어 노력을 열심히 했다고 해명했지만 해킹을 통해 25만 명 이상의 개인 정보가 유출된 적도 있었다.

우리나라의 사정은 어떠한가. 2018년 봄, 한국에서는 드루킹 사건이 정치권을 뜨겁게 달구고 있다. 드루킹이 온라인에서 권력을 발휘할 수 있었던 것은 수천 개의 아이디를 가지고 한 사람이 활동하는 것처럼 일사불란하게 댓글 작업을 했기 때문이다.

언론 보도에 따르면, 아이디 브로커들은 해킹한 아이디어를 개당 700~2,500원, 실명으로 된 아이디는 5,000~1만 원 선에서 판매한다고 한다. 국내에 1,000곳이 넘는 바이럴(입소문) 마케팅 업체들이 있고, 이들 중 상당수가 작게는 500개의 아이디에서 많게는 2만 개의 아이디를 구매해 영업을 한다고 한다.

경각심 없이 온라인 서비스를 이용하지만, 개인 정보가 어디서 어떻게 떠도는지 모르고 거의 통제 불능 상태다. 이렇게 거래되는 정보들의 대부분은 각종 사건 사고들을 통해 포탈에 제공했던 우리 정보들이 유출되었기 때문이다. 2011년 7월 네이트에서 3,500만 명의 회원 정보가 유출되었고, 2016년에는 인터파크에서 2,500만 명의 회원 정보가 유출되었다.

우리는 온라인 마을에 남아 있기 위해 점점 더 많은 우리 자신에 대한 정보를 온라인 성에 제공하고 있다. 우리는 점점 더 낱낱이 밝혀질 것이며, 앞으로 또 어떤 사건 사고가 벌어질지 모른다. 전적으로 우리의 운명은 우리 자신이 아닌 그들에게 달려 있다.

성(城)에서 제공하는 환상은 우리가 마을에 끝까지 남게 만든다. 성에서 내려오는 지침은 언젠가 부를 테니 남아 있으라고 한다. 우리가 뭔가 의미 있는 사람이 될 거라는 기대를 갖게 하고, 간간이 사람을 붙여주거나 보잘것없는 일거리를 주는 것 같은 대우를 통해 우리를 마을에 붙잡아둔다. 하지만 우리는 마을에서 늘 불확실하고 불안정한 존재로 남아 있다.

우리 주변에서 벌어지는 일을 보면, 오프라인이든 온라인이든 마을이 우리를 지켜줄 거라는 믿음은 허구일지도 모르겠다. 하지만 우리는 마을에 어느새 적응해가고 있다. 우리가 떠나온 곳도 내가 누구인지도 잊었다. 칠면조는 추수 감사절이 오면, 목이 잘려나가는 것을 모른 채 오늘도 여느 날처럼 먹이를 쪼아대고 있다. 숱한 선배 칠면조들이 그랬던 것처럼.

칠면조의 고향이 인간이 주는 모이나 받아먹으면서 인간의 먹이가 되기를 기다리는 좁은 울타리가 될 수는 없을 것이다. 성의 유혹에 빠져 평생 낯선 마을을 떠돌던 K처럼, 우리가 살고 있는 마을은 우리의 고향이 아닐 수도 있다. 우리는 잠시 여행을 하기 위해 배를 타고 떠나왔을 뿐, 평생 배에 남아서 선원들 지시만 따라 살아야 하는 건 아니다.

K는 떠나온 곳으로 돌아가야 한다. 고향의 성으로 발길을 전환해야 한다. K가 고향의 성으로 돌아가지 못한 까닭은 본래 자신을, 본성(本性)이라는 본성(本城)을 망각한 탓이다.

왕자의 귀환

옛날 어느 왕국에 호기심이 풍부한 왕자가 살고 있었다. 왕자는 성을 몰래 나가 마을을 여행하게 되었다. 처음에는 재미있었으나 너무 멀리 떠나온 것이 문제였다. 점차 지치고 배가 고팠으나 어떻게 돌아가야 할지 잊어버렸다. 결국 한 마을에 정착해 직업을 갖고 생계를 해결해야 했다. 언제나 먹고사는 고민, 살아가는 번민에 휩싸여 있었다. 일을 마친 뒤 동네 청년들과 어울려 술과 마약 같은 약초를 피우며 현실을 잊고 쾌락에 빠지는 것이 유일한 낙이었다. 삶은 한결같음을 잃고 고통과 쾌락으로 양분되었다. 망각하지 않으면 견딜 수 없는 시간들이었다. 그러다 왕자였다는 사실조차 잊었다. 왕자였던 시절이 꿈을 꾼 것이라고 생각했고, 성으로 돌아갈 의지를 상실했다.

한편 왕자를 잃어버린 왕은 신하를 보내 왕위를 계승해야 할 왕자를 찾아오라고 했다. 백성들이 동요할 수 있으니 그 사실은 숨기라고 했다. 왕자를 찾아 떠난 신하들은 하나같이 함흥차사처럼 돌아오지 못했다. 신하들 역시 어느 순간이 지나자 세속의 삶에 빠져서 왕자를 데리고 가야 한다는 목적을 잊은 탓이다.

결국 왕은 가장 아끼는 현명한 재상을 불러 임무를 맡겼다. 재상은 왕자를 찾았다. 재상은 세속의 삶에 젖어 있는 왕자를 위해 친구가 되기로 마음먹었다. 왕자와 함께 일하고 먹고 마시고, 때로는 육두문자를 써가며 세상을 욕하고 왕국을 조롱하기도 했다. 왕자는 재상을 가장 가깝게 느끼고 믿게 되었다. 그러자 재상은 왕자를 조금씩 설득하고 잊힌 기억을 되살려 결국 왕자를 성으로 데리고 올 수 있었다.

왕은 재상을 치하하며 다른 신하들이 모두 실패한 일을 어떻게 해낼 수 있었는지 물었다.

그러자 재상은 대답했다.

"저는 매일 제가 성에서 온 사람이라는 걸, 제가 돌아가야 할 성이 있다는 걸 잊지 않기 위해 되새기고 또 되새겼습니다. 본성(本城)을 한시도 망각하지 않아 돌아올 수 있었습니다."

한편 왕자는 성으로 돌아온 후 크게 기뻐했다.

"평생 써도 다 쓰지 못할 금은보화와 권력을 얻게 되었다."

그러자 왕은 혀를 찼다.

"기뻐할 게 무어냐? 본래 네 것이었다."

구원자라고 칭하는 메시아는 메시지를 전하는 메신저를 말한다. 이 이야기에서 재상은 왕이라는 천리의 메시지를 전하는 메신저였다. 메신저는 성스럽고 위대한 모습을 하고 특정한 순간에 우리를 찾아오는 게 아니다. 『성경』에도 "주님은 도둑처럼 찾아올 것이니 늘 준비하고 있으라"고 말한다. 우리가 징계받거나 보상받는 특정 순간에만 도리의 힘을 느끼기에 도둑처럼 찾아오는 것 같을 뿐 늘 곁에 있었다.

메신저는 우리 일상에서 늘 함께한다. 사람으로, 음성으로, 그림으로, 음악으로, 책으로, 사건으로 우리 곁에 늘 함께한다. 우리가 삿된 생각과 아집을 버리고 마음을 열기만 하면 늘 신의 뜻, 신의 지혜라는 축복을 만날 수 있다. 이것이 2장에 이야기할 상제임여이며, 그 메시지를 만남으로써 우리는 왕국으로 귀환할 수 있다. 그 메시지를 만나는 기술, 왕국으로 돌아가는 여정이 신독이다.

우리는 1장을 통해서 현시대가 분산과 통합의 시대 즉, 화이부동의 시대임을 알게 되었다. 공자는 "소인은 동이불화(同而不和)하고 군자는 화이부동(和而不同)한다"고 했다. 소인은 자신을 무엇인가와 동일시해 늘 같은 것이 되어 싸우고, 군자는 각자의 색을 가지면서 화합한다. 20세기는 개인에게 동일시를 훈련시키는 사회였다. 흑백 논리로 인간을 특정한 틀에 가두는 시대였다. 그렇게 한 조직, 한 국가, 한 이데올로기와 동일시된 꼭두각시 같은 인간은 자신과 반대편에 있는 공동체에게 적개심을 가지도록 훈련받았다. 그래서 항상 동이불화하면서 죽고 죽이는 시대를 살아가야 했다.

하지만 21세기는 개인 하나하나가 자신의 고유한 색깔을 찾는 시대다. 그것은 고립되거나 파편화되는 것이 아니다. 모두가 연결되어 있고, 누구나 자신만의 색깔로 하나의 별이 될 수 있는 시대다. 화이부동의 시대로 나아가고 있다.

하지만 이 초개인 연결 시대는 개인이 충분히 성숙하지 못한 상태라면 자칫 누군가 공동의 우물에 독을 타서 함께 위험에 빠지기에도 쉬운 시기다. 따라서 각 개인들은 이러한 분산 통합의 시대를 맞아, 반드시 진정한 성인(成人)이 되는 덕목을 갖춰야 한다. 그 덕목이 신독이니, 그것이 한 개인이 어른 되었다는 성인 증명서 같은 것이며, 관계의 자격증 같은 것이다.

신독의 지도

신독에 대해서 본격적으로 이야기하기 전에 지도를 펼쳐 보이며 안내하는 의미에서 신독의 개념을 정리해보자.

신(愼)이 가진, 마음을 참되게 한다는 것은 무엇을 말하는가? 마음을 참되게 하는 것은 삿된 마음을 씻어내고 천하의 도리로 내 마음을 밝게 하는 것인데, 크게 2가지 의미로 나눠볼 수 있다.

첫째, 오직 절대적 도리, 천리(天理)와 연결되어 자신을 절대적으로 긍정하고 무엇인가에 연연하거나 의지하는 바 없이 주체적으로 홀로 서는 것이다.

둘째, 밝은 빛과 같은 도리에 비춰 어긋날 수 있는 마음을 바르게 하고 하나로 정성스럽게 하는 것이다.

기독교의 하나님 같은 상제, 신명, 천리의 속성에 비춰보면 하나는 사랑이고 하나는 심판인데, 이 상제의 마음을 내 속에서 밝혀 스스로 하는 것이 신독이다. 스스로 절대적인 사랑을 베풀고, 앞으로 불필요한 심판을 받지 않도록 도리에 비춰 삼가는 것이다. 상제의 마음을 내 속에서 밝힌다는 것이 바로 천리와 연결되는 것이다.

천리와 연결되어 있다면 이 모든 것이 인위적인 것이 아니라 자연스럽게 되는 것이다. 인공위성이 처음에는 힘들게 대기권을 뚫고 올라가지만 어느 순간부터는 알아서 궤도를 도는 것처럼 말이다. 지구라는 행성에서 사계절이 바뀌는 것처럼 자연스러운 일이라는 것이다.

상세한 내용은 천천히 알아보기로 하고, 홀로 있음을 참되게 한다는 것은 문 안에서 홀로 있을 때나 문밖에서 무엇인가와 관계를 할 때나, 마음속이나 표출되는 언행이나, 내외(內外)와 표리(表裏)를 모두 한결같이 한다는 것이다.

이것을 한 문장으로 간단하게 표현하면 이렇다. 신독은 천리로 마음을 참되게 하고, 삼가며, 한결같이 하는 것이다.

조금 길게 풀면 이렇다. 신독이란 삿된 것에 의지하는 바 없이, 오직 천리와 연결된 자신을 절대적으로 긍정하고, 그로써 주체적으로 자립하며, 한결같이 삼감으로 도리에 벗어나지 않고, 지극한 마음으로 충만하게 지금 여기를 사는 것이다.

유학의 개념인 신독에서 말하는 천리를 밝힘, 천리와 연결됨은 곧 기독교계에서 말하는 하나님, 불가에서 말하는 관세음을 친견하는 것과 같은 것이니 곧 신을 만나는 것이다. 즉 신독(愼獨)은 신(神)을 독대(獨對)하는 것이니 신독(神獨)인 셈이다.

왜 신독인가?

그렇다면 왜 신독인가? 우리가 살고 있는 지금의 상황부터 진지하게 들여다보자. 시대 변화와 맞물려 왜 신독이 필요한가를 역설하기 위함이다. 나아가 이 책을 관통하는 키워드이자 2,500년 전 유가에서 수신(修身)의 핵심으로 성현들이 제시했던 신독(愼獨), 이 두 글자가 한 개인의 자기 계발을 위한 지침일 뿐 아니라 다가올 시대의 인류가 보편적으로 갖춰야 할 중요한 덕목이라고 생각해서다.

우리가 살아가는 시대는 누란지위(累卵之危, 계란을 겹쳐놓은 것 같은 위기)처럼 매우 위태롭다.

동시대를 살고 있는 개인 역시 매우 위태로운 상태에서 위태로운 삶을 영위하고 있다.

변화의 물결은 밀어닥치고 있지만, 대처 방안은 갖고 있지 못하다. 정보통신과 과학기술이 발달하면서 발생한 변화가 전 인류에게 하나의 기회이자 큰 위기로 다가오고 있다.

지구촌을 순식간에 파멸시킬 가공할 병기인 핵(核)무기도 문제지만, 인공지능(AI, Artificial Intelligence)과 로봇공학의 발달, 전 세계가 하나로 연결되어 있는 작금의 상황은, 마치 인류를 하나의 큰 배에 집어넣고, 끝없이 돌아가는 대장간에서 만들어낸 숱한 연장을 모든 개인에게 쥐게 한 것과 같은 상황이다.

계란을 한 바구니에 담지 말라는 주식 분산 투자의 교훈은 한 종목에 투자해서 실패하는 것이 큰 리스크를 감수해야 하는 도박이라는 것을 경계한다. 지금의 세태도 마찬가지다. 누군가가 배에 구멍을 뚫으려고 마음만 먹으면 모두가 위험해 빠질 수 있다.

또한 미디어 업계의 폭발적인 성장과 맞수가 사라진 시장 경제 체제에서 만들어지는 유무형의 숱한 상품들, 그것을 소진하기 위한 유혹들이 온갖 미디어에서 넘쳐나고 있다. 웹과 SNS 같은 사회적 연결망은 일을 할 때나 쉴 때조차 관계에서 떨어질 수 없게 한다. 성역 없는 치열한 경쟁의 시대, 전 지구촌의 인류가 시공간을 초월해 실시간으로 경쟁해야 하는 시대에 인류는 진정한 평온을 얻지 못하고, 내면의 불안과 빈곤으로 고통받고 있다.

세계적으로 유수한 석학들과 오피니언 리더들이 현시대를 비탈길을 달려 내려가는 브레이크 없는 수레에 비유한다. 많은 일이 빠른 속도로 일어나고 있는데, 뭐가 어떻게 될지 한 치 앞도 모른다는 것이다.

위태로운 시대와 위태로운 자신을 위해 무작정 달리기만 하던 것을 잠시 멈추고, 우리에게 필요한 것이 무엇인지 돌아봐야 한다. 이 위태로운 상황에 대처하기 위한 답을 찾아야 한다. 이 책의 고민은 여기에서 출발한다.

분산의 시대

우리 시대의 변화를 간략하게나마 들여다보자.

21세기는 분산의 시대이자 통합의 시대다. 한마디로 분산 통합의 시대다. 21세기를 들여다보는데 이 어울리지 않는 형용 모순의 단어가 왜 필요할까? 고전 물리학에서는 모든 물질을 입자와 입자가 2차적으로 만들어내는 파동으로 나눴다. 그러나 양자 역학의 측정을 통해 모든 물질이 입자와 파동의 2가지 모순된 성격을 동시에 가진 것으로 파악되었다. 이것을 파동 입자 이중성이라고 한다.

양차 대전과 냉전 시대를 거쳐왔던 지구촌의 20세기는 강제적인 동일시가 지배하던 시대였다. 메카시즘 같은 폭력적인 이데올로기와 흑백 논리가 지배하는 사회에서 "너는 어느 쪽이냐"라고 묻는 생사가 달린 질문에 어떻게든 대답을 해야 했다.

하지만 구소련 붕괴와 독일 통일로 양극화된 냉전 체제가 무너지고, 핵으로 인해 역설적인 전쟁 억지력이 발동하기 시작한 현대, 웹이라는 온라인 세계를 통해 전 인류의 급격한 연결이 가속화되고 있는 21세기는 양자 역학의 놀라운 발견처럼 서로 다르고 모순된 것이 공존하는 새로운 패러다임이 지배하는 시대가 되었다. 그래서 우리는 모순의 합일에 관해 적극 살펴보아야 한다.

지금 현시대에 벌어지고 있는 사회 변화 양상을 살펴보면, 역시 모순된 2가지 양상이 동시에 나타나고 있으니 바로 분산과 통합이다.

하나는 분산이다.

전 세계적으로 개인이 중요한 시대가 되어가고 있다. 과거에는 국가나 기업이 절대적인 권력을 쥐고 있었다면, 이제 정보통신기술(ICT, Information and Communications Technologies)의 발달, 인공지능, 로봇공학 기술 등이 혁명적으로 발달하면서 개인의 힘이 점차 강화되고 있다.

정보 측면에서 현대의 개인은 과거와 판이한 시대를 살고 있다. 1960년대의 아이들과, 한 세대가 지나 1990년대 인터넷 혁명 이후에 태어난 21세기의 아이들은 다르다. 그들은 디지털 정보 기기를 장난감처럼 다루고, 빅 데이터를 통한 미래 예측과 현재의 트렌드를 파악하는 것이 자연스럽고, 학교에 들어가기 전부터 웹이라는 정보의 바다를 통해서 언제든 궁금한 것을 해결해왔던 세대다. 정보 측면에서 어른들에게 의지할 필요가 없다. 아이들과 어른들의 격차는 점점 줄어들고 있으며, 10대 중반만 되면 지적인 경합에 있어서 직접 경험의 차이를 배제하면 거의 동등한 조건에 있을 정도다.

1990년대 후반 웹이 생긴 이후, 그전과 개인의 생활 양식은 완전히 달라졌다. AI와 스마트폰으로 인해 증강현실이 가능하게 되면서 또 한 번 삶의 양식이 달라졌고, 점점 더 스마트하고 강력한 힘을 가진 개인으로 거듭나고 있다.

유튜브 같은 1인 미디어가 끼치는 사회적 영향력도 크다. 싸이가 빌보드 차트 2위에 오르며, 뮤직 비디오와 말춤 댄스가 전 세계적으로 열풍을 일으켰던 사건은 대표적인 1인 미디어 플랫폼인 유튜브가 없었다면 불가능한 일이었을 것이다.

개인 방송이 사회에서 중대한 하나의 직업군으로 떠오른 것도 불과 몇 년 전의 일이지만 한때의 트렌드로 끝나지는 않을 것이다.

사회적 연결망이자 소셜 1인 미디어인 SNS는 사회적 혁명도 이끌고 있다. 2010년에서 2011년까지 튀니지 혁명에 이어 중동과 아프리카의 독재 정권을 연달아 무너뜨린 재스민 혁명도 SNS가 있어 가능했다.

월가를 점거하라(OWS, Occupy Wall Street)는 구호로 유명했던 2011년의 월스트리트 시위 역시 마찬가지다. 99%의 분노한 미국의 군중이 금융 기관의 부도덕성과 빈부 격차가 심화하는 데 반발한 사건으로, 유럽과 아시아 82개국 900여 개 도시로 번져 나갔다. 이 시위가 두 달 보름 만에 막을 내리긴 했지만, 불씨는 여전히 남아 있다.

개인은 이제 과거의 초라한 개인이 아니다. 국가와 기업들의 중앙 집권적인 권력에 무기력하고 수동적으로 지배당하지 않는다. 개인이 점차 강력한 권력을 쥐는 분산 권력의 시대, 분산의 시대가 되었다. 개인에서 초개인의 시대로 넘어가고 있다.

시사 주간지《타임》이 2006년 올해의 인물로 YOU(당신)를 선정한 것도 개인의 중대성과 권력이 커져가는 시대를 내다보았기 때문이다.

권력이 개인으로 분산되는 시대, 공동체 단위로 움직이기보다는 개인 활동이 강화되는 시대가 현대 사회의 특성이다. 선진국일수록 개인 중심의 생활 양식이 강화되고 있다. 서구나 일본이 변했고, 우리나라 역시 속도가 빨라지고 있다.

통계청 조사에 의하면, 1인 가구 비율은 1980년 5%가 되지 않았고 1990년에는 9% 정도였다. 그러나 2010년에 23%를 넘어섰고, 2035년에는 34%를 넘어설 것이라고 전망한다.

확대해보면, 1990년 1인 가구는 9%, 2인 가구 13.8%, 3인 가구 20.9%, 4인 이상이 50%가량이었다. 그런데 2010년에는 1인 가구, 2인, 3인, 4인 이상 가구가 각각 동일한 비중인 25% 정도였다. 2035년이 되면 1인 가구와 2인 가구 비중 각각이 이들 중 가장 높은 34.3%, 34% 정도로 예상한다. 1인 가구 비중이 34.3%로 가장 높고, 두 형태의 가구를 합치면 70%에 육박한다.

가구원 수의 구성이 변하면 혼자 또는 둘이 지내는 집이 보편 형태로 자리 잡는다. 두 사람이 함께 지낸다 해도 생활 리듬이 같거나 종일 함께 집에 있지 않는다면 거의 혼자 지내는 시간이 많게 될 것이다.

본격적으로 싱글 라이프 시대가 열린다는 말이다.

앞으로 의료기술, 과학기술이 발달하면서 복지 수준이 높아진다면 나이 든 사람은 누군가의 부양을 꼭 받지 않아도 생활하기 편리해질 것이다. 젊은 사람은 부양 의무에서 점점 벗어나게 될 것이다. 당장 그렇게 되지 않더라도 그런 방향으로 진행되고 있다. 결국 혼자 살아가는 시간이 많아진다는 것을 쉽게 예측할 수 있다.

이런 시대가 가까워오면서 가족 관념, 삶의 방식을 대하는 문화 자체가 바뀔 것이다. 싱글 라이프 시대의 도래는 우리 주변을 살펴봐도 한 해 한 해가 달라지고 있다. 연애는 하지만 혼자 사는 사람들이 많아지고 있다. 이 생활 패턴은 함께 사는 것이 경쟁력이 있다고 볼 수 없으며, 장래를 생각했을 때 누군가에게 부양받지 않고도 잘 살아갈 수 있는 시대가 열리고 있어서 그렇다. 굳이 다른 사람 눈치를 보고 전통적인 가족 문화에 짓눌려 살면서 자신만의 자유롭고 개성적인 삶을 방해받고 싶지 않은 까닭도 있다.

혼자 먹는 식당 또는 혼자 먹는 고깃집이 등장했고, 싱글들을 위한 가전제품들도 나오고 있다. 한국만의 현상은 아니다. ICT와 공학기술의 발달로 일생 혼자 사는 것이 불편한 일이 아닌 것이 되어가고 있다. 이렇게 현대 사회의 가장 큰 특징은 ICT, 과학기술로 무장한 개인이 권력을 가지고 개인이 기본 단위가 되어 활동하는 분산의 시대라는 것이다.

통합의 시대

다음으로는 통합이다.

IT 전문가들을 비롯한 많은 지식인이 현대 사회를 완전 연결 사회 혹은 초연결 사회(超連結社會)라고 한다. 일상의 구석구석까지 ICT가 스며들어서 모든 사물, 데이터, 인간 등이 촘촘히 연결되어 있는 사회를 말한다. 모든 기기와 기기, 사물과 사물, 사람과 사람이 네트워크로 연결되어 있다. 이것을 IT 용어로 사물 인터넷(IOT, Internet of Things)을 넘어 만물 인터넷(IOE, Internet of Everything)이라고 한다.

안경처럼 쓰거나 옷으로 입거나 시계나 팔찌처럼 손목에 차거나 심지어 신발로 신는 초소형 컴퓨터가 보편화되고 있다. 웨어러블 컴퓨터(Wearable Computer, 몸에 지닐 수 있는 소형 컴퓨터)가 본격화되고 있다.

기계와 기술뿐 아니라 모든 정보도 연결되어 있다. 테드(TED, Technology, Entertainment, Design으로 미국의 비영리 재단이 운영하는 경계 없는 일종의 재능 기부형 강연회) 같은 온라인 강의를 비롯해 무크(Massive Open Online Course, 온라인 공개 수업)라는 플랫폼으로 세계 유수 대학의 강의를 안방에서 들을 수 있는 시대다. 이 흐름에 맞춰 학제 간 연결 연구도 왕성하다. 통섭이라는 단어조차 흘러간 유행가 가사처럼 느껴질 정도다. 4차 산업혁명의 핵심 가치 역시 모든 정보와 지능과 소프트웨어, 하드웨어, 인간을 연결하는 데 있다.

빌 게이츠는 2011년 1,000만 달러를 투자해 지구의 모든 역사에 관해 가상현실 콘텐츠 등 다양한 콘텐츠를 생산 보급하는 빅 히스토리(Big history) 프로젝트를 출범했다. 지구촌의 빅 히스토리를 공부하고 인류 운명에 대한 근본적인 질문을 던지는 일은, 유수한 철학자나 석학들이 아니라 우리 모두의 이야기가 될 수 있다. 대한민국이라는 유라시아 대륙 극동에 살아가는 한 청소년의 고민이 될 수도 있다.

빅 히스토리 프로젝트뿐 아니라 앞으로 세대는 초연결 사회라는 패러다임이 지배하므로 그런 것이다. 로봇을 만드는 기계공학자들은 AI를 발전시키려고 사람의 마음과 생물학적 뇌를 알고자 한다. 생명과학자 관점에서 출발해 1.4킬로그램의 우주인 뇌를 공부하는 사람 역시 심리학을 알고자 한다. 생물학을 하는 사람이 사회학을 공부하지 않을 수 없고, 컴퓨터 공학을 하는 사람이 철학과 심리학을 하지 않을 수 없는 사회가 다가왔다. 심리학, 생물학, AI, 언어학, 컴퓨터공학 등이 공동 문제를 해결해가는 인지과학이라는 통섭 학문이 혁명적으로 성장하고 있는 이유도 그 때문이다.

주위를 둘러보면 서구보다 3~5년 정도 변화의 물결에 뒤진 우리나라에서도 인문학을 준비하는 학생들은 IT의 기본인 코딩을 공부하고, 자연과학을 준비하는 학생들도 취업을 위해 인문학 공부를 등한시할 수 없는 상황이다. 완전 연결 사회가 우리 시대의 새로운 패러다임이 되고 있다는 증거들이다.

완전 연결 사회, ICT로 무장한 스마트하고 통섭적인 신인류가 등장하고 있다. 이 상황을 전 지구적 차원에서 바라보면, 우리는 국경과 나이를 넘어 동등한 조건에서 인류가 해결해야 할 모든 질문, 근본적인 질문을 만나는 세상을 살고 있다.

이것은 지극히 중요한 변화다. 세계적인 미디어 이론가로 명성이 높은 마셜 맥루헌이 표현한 대로, 지구촌 차원에서 인류의 지성은 혁명적 전환기를 맞이하고 있다. 다만 청소년기부터 입시 지옥, 취업을 위한 스펙 쌓기, 남의 불행을 나의 행복으로 만드는 치열한 경쟁과 비교의 지옥, 하루하루 먹고사는 일에 매몰되어 혁명적인 현재를 정확히 파악하지 못하고 있을 뿐이다.

패러다임 시프트와 신독

전례 없는 강력한 개인이 등장했고, 현시대는 과거와 달리 하나의 개인이 완전한 개별 단위가 될 때까지 분산하고 있다.

그 분산된 각 개인끼리 다시 완전히 연결된 사회, 강력한 힘을 가진 초개인의 초연결 사회가 되고 있다. 줄여서 초개인 연결 사회라 명명해보자. 현대는 그 새로운 패러다임이 지배하는 새 시대다.

물리학자이자 과학사가인 토머스 쿤(1922~1996)의 『과학 혁명의 구조』를 보면, 정상 과학(normal science, 定常科學)이라는 단어가 등장한다. 쿤에 의하면, 과학사는 정상 과학의 시기와 위기의 시기가 반복된다. 정상 과학의 시기는 과학자들이 속한 하나의 이론 체계 즉, 패러다임을 지지하는 연구를 한다. 의외의 결과가 나오면 실수로 간주할 뿐 패러다임을 바꾸지는 않는다. 그런데 이 의외의 결과가 누적되다 보면 어느 시기에서는 그 패러다임이 위기를 맞게 된다. 천동설이 위기를 맞고, 지동설 패러다임으로 넘어가는 것이 그 예다.

이렇듯 과학의 진보는 계단형으로 간다. 따라서 한 시대의 과학은 영원불변한 진리가 아니라 그 시대의 진리일 뿐이다. 한 시대에 통용되는 과학 진리를 정상 과학이라고 할 뿐이다. 평평하게 진행되는 것 같지만 그 속에는 오랫동안 예외들이 들끓고 있었으며 그것이 임계점을 넘어서 한 계단 올라서는 것, 고전 물리학의 패러다임에서 양자역학의 패러다임이 지배하는 시대로 한 단계 올라서는 것이 바로 패러다임 시프트(paradigm shift)다.

쿤의 개념을 발전시켜보면 과학뿐 아니라 문화도 그러하다. 정상 과학뿐 아니라 정상 문화도 생각해볼 수 있다.

정상(定常, 일정하고 한결같은 것) 문화에서는 그 시대만의 옳고 그름을 판단하는 기준이 있고 그 기준에 따라 정상(正常)과 비정상(非正常)으로 구분한다.

조선 시대의 양반과 평민의 구분은 지금은 비정상이지만, 당시는 정상이었다. 한 시대의 정상 문화였다. 조선 시대 사람은 인간이 계층적으로 구분되는 하나의 패러다임 속에서 살아갔다.

시대뿐 아니라 지역별로 다른 각각의 정상 문화에서 자신만의 정상과 비정상이 있을 것이다. 이슬람 여인들이 히잡을 쓰는 것이 하나의 예다. 그래서 패러다임은 시간 구분 단위일 뿐 아니라 공간 구분 단위로도 활용될 수 있다.

패러다임이 바뀌는 것은 어떤 의미일까? 우리 사회의 시스템이 바뀌는 것, 생활 양식 즉 문화가 전면적으로 바뀌는 것을 의미한다. 패러다임의 변화에 따라 당연히 법과 제도가 새롭게 구비되고 개선된다. 그렇게 되면, 지금의 것은 비정상이 될 것이다. 새로운 정상 문화가 나타나면 우리는 그것을 당연하게 여기는 것이다. 여성들이 투표하는 것이 정상이고, 노예 제도가 비정상이 되는 것처럼 말이다.

초개인 연결 사회는 개인이 왕이 되는 시대 혹은 개인이 아이언맨처럼 새로운 패러다임이 지배하는 사회다. 재벌 기업 회장이나 재벌 2세가 왕이 아니라 정치 지도자가 왕이 아니라 개인이 왕이 되는 시대로 가고 있다.

마틴 포드가 쓴 『로봇의 부상』에서도 강조하지만, 인간이 할 일을 기계가 대신하는 영역이 급속도로 넓어지고 있다. AI와 로봇공학이 발달하면서 인간은 누구나 로봇 비서를 갖추는 시대가 열릴 것이다. 청소하는 로봇은 보편적인 것이 되었다. 앞선 시대에 빨래하는 기계, 설거지하는 기계 등이 나타났으며 점점 더 많은 분야로 확산될 것이고, AI와 결합하면서 고도화될 것이다.

아이언맨이 슈트를 입고 힘을 발휘하는 것처럼 한 개인의 힘도 점점 더 강해진다. 개인 가치가 점점 높아지는 시대를 살게 된다. 그 말은 곧 자신을 관리하기에 따라 개인 역량이 천차만별로 그 크기가 벌어질 것이라는 말이다. 과거에는 학벌이나 배경이 중시되었지만 앞으로는 개인 역량이 중심이 되는 시대가 될 것이다. 개인의 히스토리, 자기 관리를 어떻게 하느냐, 자신만의 전문 능력을 어떻게 배양하느냐가 중요한 시대가 될 것이다. 바야흐로 패러다임 시프트가 일어나고 있다.

이런 시대를 맞아 우리는 분산된 존재로 어떻게 자립하고, 어떻게 연결될 것인가를 자문해보아야 한다. 각자만의 왕국의 왕이 될 것이고, 그 왕국의 수준은 왕의 역량에 따라 천차만별로 달라질 것이다. 이제 우리는 어떤 왕이 될지 결정해야 한다.

촘촘히 연결된, 왕처럼 강력한 개인들을 위한 제왕학이 바로 신독이다. 이제 인류는 진정한 성인기를 맞고 있다. 개인이라는 어린 새의 덩치가 초개인으로 성장하였으니, 좁고 위태로워진 둥지를 털고 일어나, 주인공이 되어 혼자 힘으로 날아올라야 할 시기가 왔다.

이 책을 읽는 동안 혼동하지 않도록 신과 유사한 단어들을 살펴보자. 들어가며에서도 이야기했지만, 신독의 신(愼)은 삼가다, 진실로, 참되다, 이룩하다라는 뜻이 있다.

『대학』과 『중용』을 비롯해 유교 경전에서 자주 언급되는 근(謹), 경(敬), 성(誠)이 모두 신과 뜻이 유사하다.

성은 정성, 성실이 일반적인 뜻이지만 삼가다, 진실하다, 공경하다, 순수하다는 뜻이 있다.

성은 유학에서 매우 중요한 개념인데『대학』에서는 자신을 속이지 않고 뜻을 성실히 한다는 의미로 실용적이고 협소한 의미로 쓰인다. 『중용』에서는 천지만물의 동일하고 근본적인 본성, 천인합일(天人合一)의 경지로 매우 광대하고, 철학적인 개념으로 쓰인다.

경은 전일(專一)한, 즉 동정(動靜, 움직임과 가만히 있음)에 상관없이 한결같이 정성스러운 마음 상태로 쓰이기도 하고, 마음을 수렴해 성(誠)의 상태에 도달하는 수단으로 쓰이기도 한다.

상태와 방법의 양 측면으로 쓰이는 데 방법으로 쓰일 때는 신독의 신과 같은 것이다. 선유(先儒, 옛 유학자)들이 성은 경을 통해서만 얻을 수 있다 했으니 성과 경은 하나의 길로 연결되어 있다. 축약하면 경이 곧 성이다.

신독의 신이 홀로 있음을 참되게 해 외양과 속마음, 안에 홀로 있을 때나 밖에서 세상을 접할 때나 한결같음을 유지한다는 측면에서 경과 같은 의미니 신독이 곧 성(誠)에 이르는 지름길이다.

근(謹)은 본래 삼간다는 의미가 강하다. 성리학이 정립되던 송나라 효종의 이름이 신(愼)의 옛날 글자를 썼기 때문에 기휘(忌諱, 두려워 피함)하여 주희 등 당대 학자들이 신 대신 근을 활용했을 뿐 근과 신은 서로 대체할 수 있는 글자이고 따라서 근독과 신독도 같은 개념이다.

이 책의 전반적인 구성을 한 번 더 정리한다.

1장에서 4장까지는 신독의 물리적·정신적 배경과 신독의 핵심 개념에 대해, 5장에서 11장까지는 신독의 실천적 방법에 대해 말한다.

1장은 초개인 연결의 현시대를 맞아 신독이 왜 필요한가를 말한다.

2장은 신독의 근거가 되는 천리, 중도가 무엇인가를 이야기한다.

천리의 특성인 상제임여를 중심으로 이야기한다. 이러한 천리의 개념과 속성을 바탕으로 마음을 참되게 하는 첫 번째로 완전한 믿음과 절대 긍정을 말한다.

3장과 4장은 신독의 가장 기본 개념인 마음을 삼가는 것과 홀로를 삼가는 것에 대해 말한다.

천리의 특성은 사랑, 심판, 임여(늘 함께함) 3가지가 있는데, 사랑을 통해서 신독의 절대 긍정이, 심판을 통해서 삼감이, 임여를 통해서 홀로를 참되게 함이 나온다. 절대 긍정은 2장에서 이야기하고, 3장은 심판을 통해서 나온 삼감에 대해 이야기한다. 4장은 천리의 세 번째 속성이라고 할 수 있는 상제임여, 즉 한시도 우리를 떠나지 않는 천리의 특성에 의해서 홀로를 참되게 하는 것을 이야기한다.

정리하면 신독은 천리, 도리를 기반으로 해 나온 것인데, 그 천리의 속성에 근거해 절대 긍정, 삼감, 홀로를 있을 때를 참되게 해 한결같이 하는 것을 가장 기본 개념으로 삼는다.

그것이 마음을 참되게 하고 홀로를 참되게 하는 신독인 것이다.

5장에서 10장은 신독의 구체적인 기술이다. 멈추고(5장) 비우고(6장) 새롭게 해(7장) 지금 여기를 살고(8장), 마음을 하나로 전일하게 해서(9장) 정성스럽게 하면(10장) 무한한 지혜와 힘을 얻어내 삶의 주인공으로 살 수 있다. 11장은 이것을 알기만 하는 것이 아니라 몸소 실천할 것을 강조한다.

자, 그럼 지금부터 한편으로는 설레고, 한편으로는 아득한 신독에 이르는 긴 여정을 필자와 함께 천천히 떠나보도록 하자.

2장

상제임여(上帝臨汝):
신(神)과 함께 걷는 길

신과의 동행

신독의 원천적인 근거는 상제임여에 있다. 도리가 언제나 우리와 함께하므로 우리는 보이지 않는 속마음도 참되게 해야 하고, 홀로 있을 때도 삼가며 정성스럽게 해야 한다.

한결같이 삼가고 참되게 해서 내 안의 천리를 밝힐 때 우리는 밝은 지혜와 무한한 힘을 얻고 여유롭게 당당하게 살아갈 수 있다. 그렇게 신독할 때 천리에 연결되어 천명을 알게 되니, 언제나 보편 진리로 평안하면서도 자신의 고유한 분수, 자신의 고유한 기질, 자신의 고유한 운명을 밝혀 개성적으로 살아갈 수 있다.

『중용』은 말한다.

도라는 것은 한시도 떨어질 수 없는 것이니 분리될 수 있다면 도가 아니다. 따라서 군자는 눈앞에 보이지 않아도 늘 경계하고 삼가며, (도가 늘 곁에 있기에) 들리지 않아도 두려워한다.

◇◇◇◇◇◇◇◇◇◇◇◇

道也者 不可須臾離也 可離 非道也 是故君子 戒愼乎其所不睹 恐懼乎其所不聞

중용은 변함이 없는 한결같은 바른 도리다. 즉 중용은 도며, 도는 중용인 셈이다. 이 도는 한결같으므로 늘 우리와 함께하는 것이다. 언제 어디서든 함께하는 것이 도다. 그러므로 이 사실을 아는, 이 진리를 아는 군자는 삼가는 것이다.

도는 모든 것을 좌우하는 군왕과 같다. 군왕 앞에서 몸가짐을 삼가듯 늘 삼가는 것이다.

숨겨진 곳에서도 내 곁에 있는 도는 나의 행동과 말, 심지어 속마음까지 반영해 미래에 현실이 될 것이다. 그것은 괴로움을 줄 수도 있고, 즐거움을 줄 수도 있다. 미래에 실현될 도, 신이 늘 곁에 있다는 것을 알기에 지금 삼가는 것이다.

우리가 만약 삼감을 오랫동안 훈련해서 우리 자신이 왕이 된다면, 즉 한결같이 군왕 같은 밝은 천리의 마음을 가지고 있다면 언제 어디서든 태연자약하고 당당할 수 있다. 다만 그 천리를 무명(無明)이라는 어둠 속에 덮어두고, 자신을 속이고 세상을 속이려 하기에 늘 불안한 것이다.

어떤 사람이 죽어서 천국에 갔다. 그는 신을 만나 푸념을 했다.

"제 인생이 다른 사람에 비해 유독 힘들었던 것 같습니다."

그러자 신은 그 사람이 걸어온 길을 보여주었다.

"보아라. 나는 늘 너와 함께 걷고 있었다."

나란히 난 두 쌍의 발자국을 보고, 그는 과연 그렇구나라고 생각했다. 그러다 자신이 힘들었던 시간대의 발자국을 찾아보고는 말했다.

"저기 보세요. 발자국이 한 쌍밖에 없어요."

"그때는 내가 너를 업어서 건너가고 있었다."

신은 늘 우리 곁에 있다는 말이다. 신은 유교 경전에서 말하는 천리, 신명이며 인간의 본성이다. 그것은 성(誠)으로 합일되어 있고 거기에 이르는 길이 신독이다.

심리학자 칼 구스타프 융이 최면 치료에 대해 강의를 하던 의사 초년생 시절, 치료한 환자 중에 17년째 왼쪽 다리가 마비되는 증세로 걷지 못하는 노파가 있었다. 노파는 융이 말을 걸자마자 깊은 무아지경에 들어가 쉴 새 없이 이야기를 하고 꿈에 대해 말했다.

융이 노파에게 모든 것이 잘되고 있다고 진정을 시키자, 갑자기 나았다면서 지팡이를 던지고 걸을 수 있게 되었다. 이 일은 그 지방에서 융의 의사로서의 명성을 크게 높여주었는데, 정작 융 자신도 이런 기적적인 일에 대해 어리둥절한 심정이었다. 자신은 별로 한 것이 없는 탓이다.

그런데 후일 노파와 대화를 하면서 그 내막을 알게 되었다. 노파에게는 정신박약인 아들이 하나 있었다. 노파는 그 아들로 인해서 늘 마음이 상해 있었고, 젊은 의사인 융을 만나면서 자신이 아들에게 바라는 모든 것이 현실화된 것으로 보였다.

그래서 융을 마음의 양자로 삼아 융에게 기적적인 치유를 선물한 것이다. 융이 실제로 정신 치료법을 본격적으로 시행한 계기가 된 것이 이 사건이었다고 한다.

『성경』에 예수가 앉은뱅이를 일으켰을 때, 예수는 내가 한 것이 아니라 네 믿음이 너를 구했다고 했다.

우리는 우리 자신 속에 있는 신성한 힘, 우리 자신 속에서 무한한 힘을 가진 본성, 천리를 만나야 한다.

중용이란 무엇인가?

우리 곁에 늘 함께하는 도는 바로 중용이다.

『중용』의 책 제목이기도 한 중용은 도의 성격을 보다 잘 이해하게 하기 위해 만들어진 도의 다른 이름이다.

중용에 대해 주희는 말했다.

중은 치우치거나 기대지 않고 과불급이 없는 것을 이름한다. 용은 평상시를 말한다.

◇◇◇◇◇◇◇◇◇◇◇◇

中者 不偏不倚無過不及之名 庸平常也

성리학의 조사(祖師)라고 할 수 있는, 정자(程子)는 중용에 대해서 이렇게 말했다.

치우치지 않는 것을 일컬어 중이라 한다.

변하지 않는 것(즉 한결같은 것, 영원한 것)을 일컬어 용이라고 한다.

중은 천하의 바른 도리다.

용은 천하에 정해진 이치다.

이것이 바로 공자의 문하에서 전수되어오던 심법(心法, 마음을 다스리는 법)인데, (공자의 손자인) 자사(子思)가 오랫동안 전승되다 보면, 착오가 생길까 두려워 책으로 써서 맹자에게 전한 것이다.…

그 맛이 무궁하니 철저히 이치를 살피면 얻는 바가 있을 것이라. 이 이치는 죽는 날까지 쓴다 해도 다함이 없을 것이다.

◇◇◇◇◇◇◇◇◇◇◇◇

子程子曰 不偏之謂中 不易之胃庸 中者天下之正道 庸者天下之定理 此
篇乃孔門傳授心法子思恐其久而差也 故筆之於書以授孟子 其書始言一
理 中散爲萬事 末複合爲一理 放之則彌六合 卷之則退藏於密 其味無窮
皆實學也 善讀者 玩索而有得焉 則終身用之 有不能盡者矣

이것이 중용의 개념이다. 중용은 중과 용이 합해진 것인데, 중은 천
하의 바른 도리로 치우침이 없고 무엇인가에 의지하지 않고 모자라
거나 넘치지 않는 것이다.

용은 천하에 정해진 이치로, 변함없이 한결같이 평상시에 늘 계속
되는 것이다.

정자가 중을 바른 도리라고 말한 것은 중이 모든 도리 중 가장 독
립적인 것이며, 가장 정확한 도리라는 것이다. 즉 최고의 독립 변수로
모든 것의 원인이 되며, 종속 변수가 아니다. 아리스토텔레스는 신을
첫 번째 원인이라고 했으니 그와 같은 맥락이다. 첫 번째 원인은 모든
것의 독립 변수이며, 그 무엇인가의 종속 변수가 될 수 없다.

만사의 기준이 되는 것으로 오차가 없다는 것이다.

예를 들면 현실 세계에 존재하는 곡척(曲尺), 즉 잣대 같은 것으로
다른 것들의 기준이 된다.

현실에 존재하는 정사각형은 무엇이든 완벽할 수 없지만, 관념적·
수학적 정사각형은 플라톤의 개념을 빌리면 정사각형의 이데아로 다
른 모든 만물 정사각형의 기준이 된다. 현실에 존재하는 사각형 모양

은 모두 이것에 의존하지만 수학적으로 정의된 관념 속의 정사각형 이데아(Idea)는 어떤 것에도 의지하지 않는다.

즉 중은 오차 없는 부족하거나 과하지 않은 도리다.

정자가 용(庸)을 천하에 정해진 이치라고 한 것은 중의 성격을 규정한 것이다. 천하에 정해진 이치이므로 바뀌지 않는다는 것을 말한다. 중이 아무리 세월이 흘러도 불역, 즉 바뀌지 않는다는 것을 말한다. 밤낮의 길이는 계절에 따라 다르지만, 하루가 밤낮이 교차한다는 것은 바뀌지 않는다. 중이 공간적 성격의 개념이라면, 용은 시간적 성격의 개념이다.

즉 중의 바른 도리는 정해진 이치로 한결같이 언제까지나 계속된다. 이것이 중용이다.

현실에서 중용의 개념은 학자들에 따라 문헌에 따라 다양하게 활용되어서 그 의미가 혼동스러운 경우가 많다. 그러므로 더욱 지금 설명한 바탕 개념을 놓치지 말아야 한다.

다음으로 중화라는 개념은 매우 지극하다. 중용의 완성은 중화에 있다.

희로애락이 아직 나타나지 않았을 때를 가리켜 중이라고 한다. (그러므로 중은 미세하다.) 그것이 드러나 중의 절도에 맞을 때를 일컬어 화라고 한다. 중은 천하의 근본이며, 화는 천하 어디든 통하는 (어디든 이르는) 달도(達道)이다.

◇◇◇◇◇◇◇◇◇◇◇◇◇

喜怒哀樂之未發 謂之中 發而皆中節 謂之和 中也者 天下之大本也 和也

者 天下之達 道也

여기서 중은 중용이니 한결같은 도리며, 그것이 현실에 드러날 때 매 시절에 따라 적절한 모양새로 나타나면 화라고 한다. 이때 희로애락이 나타나지 않은 상태를 미발(未發)이라 하고, 드러난 상태를 이발(已發)이라 한다.

미발 상태의 중이 천하의 근본이다. 이 중은 중용이기도 하다. 이 중용의 이치가 사람의 기질을 따라 칠정(七情, 7가지 감정)이나 의사가 드러났을 때 현재의 시공간에 적절하게 부합하는 것이 화다. 매 시절에 맞을 뿐 아니라 천하 구석구석까지 적재적소에 맞는 도리가 화다.

따라서 중용의 도리, 천리(天理)는 딱딱하게 경직된 것이 아니라 세상으로 나왔을 때는 만물의 시공간에 맞춰진 유연한 것이다. 따라서 중화의 도는 지극히 조화로운 섭리(攝理, 대자연을 아우르는 원리)다.

신독은 홀로 신을 만나는 일

북송의 대학자로, 정자(程子)의 문인(門人, 문하생)이었던 양시(楊時)가 말했다.

도의 드러남과 은미함에는 간극이 없으니, 신독하는 것이 하늘에 계신 상제를 만나는 길이라. 『시경』에서 말하기를, "두 마음을 품고 근심하지 말라. 상제가 너와 함께 있다"라 했느니라.

◇◇◇◇◇◇◇◇◇◇◇◇

龜山楊氏曰 道無顯微之間 愼其獨 所以對越在天也 詩曰 勿貳勿虞 上帝
臨女

양시는 정통 도학의 계승자로 이정자(二程子, 정호·정이)의 도학을 전
승해 그 문하에서 장횡거, 여조겸, 주자(朱子) 같은 많은 뛰어난 학자
를 배출했다.

상제임여(上帝臨女), 여(女)는 여(汝)이니 상제가 너에게 임했다, 함께
있다는 말이다.

신독이 삼가는 이유는 상제가 늘 나와 함께 있기 때문이다.

상제는 신, 귀신, 도리, 진리, 천명(天命), 성리학의 본성(本性), 기독교
에서의 하나님, 불교에서의 불성(佛性) 등 다양하게 표현할 수 있으나
모두 한 가지를 말한다. 불변의 진리가 늘 내 곁에 있다는 말이다. 이
것은 다른 관점으로 표현하면, 내 안에 있거나 적어도 나의 내면을 통
해서 연결되어 있다고 볼 수도 있다.

양시에 의하면, 도는 간극(間隙, 틈)이 없이 연결되어 있다. 드러남은
세속이며, 은미함은 도의 세계, 플라톤이 말한 이데아의 세계, 신의
세계인데 둘 사이는 벼랑과 벼랑 사이처럼 떨어져 있는 것이 아니다.
틱낫한 스님은 생사는 책장 한 장을 넘기는 것에 불과하다고 했다. 저
승과 이승도, 세속과 천국도, 차안과 피안도 모두 단절되어 있는 것이
아니라 연결되어 있다.

인간 세상사와 신의 영역이 연결되어 있는 것이다. 단절되어 있지

않기에 만날 수 있다. 홀로를 삼가는 것은, 홀로를 참되게 하는 것은 진리를 만나고 신을 만나는 길이다.

이것은 매일 밤 고요히 좌정하면서 마음을 닦던 도학의 대가 소강절을 생각나게 하고, 십자가 밑에 홀로 앉아 기도하는 소녀의 모습을 떠올리게 하고, 정화수 떠놓고 가족들의 안녕을 빌던 우리네 어머니를 생각나게 한다.

"기도할 수 있는데 무엇을 걱정하는가?"라고 말하던 목사님이 생각난다.

양시도 말했다. "신독으로 신을 만날 수 있으니 물이물우(勿貳勿虞)하라." 두 마음 사이에서 방황하며 걱정 근심하고 괴로워하지 말라. 어디로 가야 할지 고뇌하지 말고 오로지 한결같이 정성스럽게 하라.

숭산 스님은 말했다. "오직 모를 뿐이라는 마음으로 하늘에 맡기고 그저 앞으로 나아가라." 선현들은 우리에게 그만 걱정하라고 한다. 두 마음이 아니라 단지 지성(至誠), 한마음으로 나아가면 한결같은 도리가 나타나 길을 알려줄 것이다. 기도하는 마음으로 정성스럽게 나아가면 혜안이 열리고, 직관이 열리고, 길이 열릴 것이다.

어디든 가고자 하는 목적지로 떠나는 역량을 얻으려면 우리 몸이 고속버스터미널이나 기차역에 접속해야 한다. 정보의 바다에 접속하려면 인터넷에 접속해야 한다.

앞이 보이지 않는 삶에서도 지혜와 능력을 갖고 싶다면 우리는 어떻게 해야 하나? 신독하라. 기도하는 마음과 정성으로 홀로를 참되게 하라. 그것이 우리 혼이 신의 지혜와 능력에 접속하는 길이다. 본성(本性)과 함께한다는 것은 램프의 요정 지니와 동행하는 것과 같다.

돌아온 탕자

신의 속성은 일반적으로 2가지가 있다. 하나는 절대적인 사랑을 베푸는 신이고 다른 하나는 심판하는 신이다. 심판은 본성(本性)이 자신을 복원하는 과정이다. 중도(中道)가 과불급(過不及, 지나치거나 미치지 못하는 것)을 도지개(비틀어진 활을 바로잡는 틀이라는 뜻의 순우리말)로 바로잡는 과정인 것이다. 그러니 신의 두 번째 모습 역시 우리가 도리를 찾아가는 좋은 일인데 우리의 사고와 감정 같은 인식 능력은 그것을 심판으로 착각한다.

어쨌든 우리는 상제, 신명이라는 절대적인 이치를 만나 절대적 긍정과 도리에 비춰 삼가는 것, 이 2가지 태도를 얻을 수 있다. 여기에서는 절대적 긍정부터 살펴볼 것이다.

많은 사람이 절대적인 존재를 동경한다. 종교를 가진 많은 사람이 신적인 존재나 절대자를 동경하며, 종교를 가지지 않은 많은 사람도 자신만의 절대적인 믿음의 대상을 갖고 있다. 예를 들면 어머니를 비롯한 가족 구성원 중 일부 혹은 친구나 스승과 같이 절대적으로 신뢰하는 대상을 갖고 있는 것이다.

우리가 절대적인 존재를 동경하는 것에는 여러 원인이 있을 것이다. 종교의 내세라는 실질적인 보상 체계는 차치하고라도, 대체로 절대적인 존재는 우리가 잘났든 못났든, 잘했든 못했든 상관없이 우리에게 절대적인 용서와 사랑을 베푸는 존재이기 때문이다.

우리는 이러한 절대적인 만남을 갈구한다. 우리가 삶을 잘 영위하려면 이러한 절대적인 만남의 시간, 대상이 반드시 필요하다.

프랑스의 대문호 앙드레 지드가 1909년 발표한 대표작 『좁은 문』을 떠올려본다. 남자 주인공 제롬은 어린 시절 침대 머리맡에 무릎을 꿇고 슬픔에 잠겨 있는 알리사를 보고 영원한 사랑을 다짐한다. "이 순간이 나의 일생을 결정했다." 오직 알리사에 대한 사랑만이 자신이 살아가는 유일한 이유였다. 그 말은 어린 나에게 얼마나 깊은 감흥을 주었던가.

하지만 『좁은 문』의 마지막, 제롬을 사랑했지만 끝내 사랑은 이뤄지지 않았다. 알리사의 마지막 편지에는 피를 토하는 듯한 결별의 한 구절이 담겨 있다.

"주께서 우리에게 가르치는 길은 좁은 길입니다. 좁아서 둘이서는 나란히 걸을 수 없는 길입니다."

제롬은 오직 단 한 명의 인간을 통해서 구원을 찾았으며, 알리사는 오직 단 하나의 신을 향해가는 길을 선택했다. 이러한 무지막지한 일 대일의 관계가 왜 순수하게 느껴지고 감동을 주는 것인가?

왜 그 좁은 길에 우리는 애틋한 감정을 느끼는가?

신과의 사랑에서도 인간과의 사랑에서도 우리가 찾고자 하는 것은 진정한 만남일 것이다. 진정한 만남은 칸트가 말했듯 서로 도구가 아닌 목적으로 생각하는 관계, 일대일의 관계에서 이뤄진다.

마틴 부버라는 철학자가 있었다. 부버는 나와 그것의 관계와 나와 너의 관계를 구분해서 설명했다. 나와 그것은 일반적인 관계로 누군가 한 인간을 대할 때 사물처럼 환경적 요소의 하나로 대할 수 있다. 하지만 나와 너의 관계는 다르다. 서로가 본질로서 만나는 것으로 이 때 자아는 나와 그것의 관계에 있는 자아와 다르다는 것이다. 참된 대화, 참된 만남은 서로가 상대에게 이런 태도로 다가간다. 서로가 서로에게 전체적인 모습으로 상대를 만난다는 것이다.

마틴 부버는 이러한 내적인 만남이 신과 인간이 만나는 절대적 관계의 한 반영이라고 생각했다. 심리 치료는 기본적으로 대화로 이뤄지는데 부버는 과거 훌륭한 심리 치료사들은 늘 학설에 맞춘 치료가 아닌 참된 대화를 통해 치료하도록 노력했다고 한다.

참된 대화, 참된 만남은 어디에 있을까? 어떻게 가능할까? 그것은 서로 도구로 보는 무작위적이고 흔해빠진 관계가 아니라 일대일이라는 좁은 문을 통과함으로써 가능한 것이다.

작가이자 동시에 철학자로도 불리는 도스토옙스키의 작품은 특히 정신적으로 결핍되어 있고, 유약하고 불완전한 인간의 모습을 잘 그려내 많은 후대의 작가에게 영감을 주었고, 지금까지도 많은 독자의 사랑을 받고 있다.

그러한 도스토옙스키의 삶은 고흐나 니체의 삶만큼이나 극적이고 사람의 가슴을 아프게 하는 바가 있다. 1821년에 태어난 도스토옙스키는 공상적 사회주의를 공부하는 서클에 들어갔다가 28세라는 젊은 나이에 사형 선고를 받았고, 총살 직전에 드라마틱하게 백범 김구 선생이 그랬던 것처럼, 황제 특사로 감형되어 시베리아 유형을 살게 된다. 4년 동안 시베리아 옴스크 감옥에서 수형 생활을 한 후 5년 동안 군 생활을 하고 귀향하게 되었다.

도스토옙스키가 1864년 발표한 『지하로부터의 수기』에서도 알 수 있듯, 도스토옙스키는 백범 선생처럼 대담한 성격의 소유자는 아니었다. 생사를 오가던 젊은 날의 큰 충격 탓인지 작가로 유명해지고 난

후에도 원고료를 도박으로 탕진했고, 큰 빚을 지고 도피 생활까지 해야 했다. 청춘과 중년을 죄수, 노름꾼, 탕아로 보낸 이후에 해외에서 러시아로 돌아온 만년의 10년간은 불우했던 삶을 뒤로하고 영광과 평안 속에 보내게 되었다.

그런 도스토옙스키가 생을 거두는 순간에 보인 그리스도에 대한 애정은 우리의 가슴에 공명을 일으킨다.

도스토옙스키는 죽음을 예감하고 아이들을 침대 곁으로 오게 한다. 그러고는 「누가복음」에 기록되어 있는 돌아온 탕자에 관한 이야기를 읽게 했다.

한 남자에게 두 아들이 있었는데 큰아들은 고향의 아버지 곁에 있었고, 작은아들은 먼 나라로 떠나 방탕한 세월을 보냈다. 작은아들은 결국 돼지치기로 전락했다. 그러다 고향으로 돌아와 아버지에게 용서를 빌었다. 아버지는 작은아들을 용서하고 연회를 베풀었다.

큰아들이 아버지의 태도에 항의를 하자 아버지는 말했다. "너는 언제나 내 곁에 있었으니 나의 것은 모두 너의 것이다. 하지만 아우는 죽은 후에 다시 살아난 자이니 어찌 축하하지 않을 수 있겠느냐." 그리스도는 죄가 있는 자라도 회개하면 하나님의 절대적인 용서와 사랑에 의해서 누구나 구원될 수 있다고 말한 것이 이 이야기의 요체다.

도스토옙스키는 아이들에게 말했다.

"그리스도에 대한 끝없는 믿음을 간직하라. 그리고 그분이 언제나 너희들을 용서한다는 것을 잊지 말라. 나는 너희들을 사랑하지만 그리스도의 무한한 사랑에 비하면 아무것도 아니다. 살면서 혹시 죄를 짓게 되는 일이 있더라도 그리스도에 대한 희망을 결코 버려서는 안

된다."

언제나 용서해주는 자, 무한히 사랑하는 자가 있다면 삶은 언제나 희망적이고, 버텨 나가면서 살아갈 만한 것이 된다. 그것으로 다시 일어서고 살아갈 힘을 얻는다.

긍정적 강화

우리는 잘잘못으로 구분되는 상대적이고 이성적인 세계, 효율의 기준으로 우리를 재단하는 사회에 지쳐 있다.

정보가 많아지고 사회가 복잡해질수록 우리를 구속하는 규율은 더 촘촘해지고 더 미세한 곳까지 침투한다. 해야 할 일, 하지 말아야 할 일의 구분은 점점 더 많아지고 강해지는 것이다.

그런 사회는 우리 자신의 것이 되어 언제 어디서나 그런 일이 벌어진다. 일을 할 때나 진로를 결정할 때는 물론이고 물건을 살 때 사람을 만날 때, 항상 잘잘못이 있다. 지금 아무리 잘 해도 내일은 잘못할 수 있고, 설사 지금 잘했다손 치더라도 더 나은 무엇인가가 있다. 사회가 그것을 강요하고, 자아는 그것을 내면화해 최선과 죄책감과 후회가 끝없이 돌아가는 두뇌의 정보 처리 시스템을 만든다. 연약한 우리는 이 개미지옥 같은 악순환에서 빠져나올 수 없다.

발버둥 치면 더 깊이 빠져드는 늪처럼, 사고를 하면 할수록 우리는 점점 더 좁은 구석으로 몰린다. 우리는 바늘 끝 위에 올라서야 하는 것 같은 현실에서 고통과 무기력감을 느낀다.

그러다 결국 사고하는 기계는 팽팽한 풍선처럼 되고, 포화 상태가 되어 터질 지경이 되면 정신은 이상 행동을 한다. 무엇인가 하나에 과도하게 집착하거나 무엇인가에 중독된다.

쇼핑 중독, 음식 중독, SNS 중독, 관계 중독, TV 중독, 알코올 중독, 게임 중독 등이 모두 그런 것이다. 이성을 놓을 수 있는 충동, 본능으로 가는 밤 문화, 유흥 산업이 만개한 것도 그런 이유에서다.

스포츠든 공부든 좋은 성과를 내는 방법은 단순하다. 집중하는 것이다. 그런데 집중하라고 하면 많은 사람이 긴장을 한다. 목표에 연연하고, 흔한 비유로 채찍과 당근이 있다면 어떤 형태로든 채찍을 맞을까 두려워서다. 심리학에서는 당근을 긍정적 강화, 채찍을 부정적 강화라고 했다.

강화(reinforcement, 強化)는 조건을 조작해서 학습 효과에 의해 특정한 행동을 강화시키는 것이다.

행동주의 심리학자 스키너는 실험을 통해서 부정적 강화보다는 긍정적 강화가 효과가 크다는 것을 발견했다. 인간의 행동을 원하는 방향으로 움직이고자 할 때 처벌보다 보상이 더 강력한 효과가 있다는 것이다. 짐승이든 사람이든 처벌을 받으면, 처벌 자체에 압도되므로 그것을 통해 무엇인가 배우는 교육적 효과가 오히려 낮다는 것이다. 스스로에 대해서도 처벌하는 마음가짐보다는 보상 쪽으로 마음을 가져야 한다. 그러면 긴장도 줄어들 것이다. 우리가 우리를 채찍질하며 괴롭히는 한 우리는 앞으로 나아갈 수 없다.

세계적인 영성 지도자로 유명한 지두 크리슈나무르티는 이러한 현대인들을 관념의 노예라고 보았다. 크리슈나무르티가 쓴 『아는 것으로부터의 자유』가 많은 사람에게 감화를 주는 이유도 마찬가지다. 옳고 그름을 판별하는 수많은 관념의 노예가 된 우리는 많은 부작용에 시달리고 있다.

그래서 우리는 우리의 죄를 언제나 용서해줄 누군가를 만나야 한다. 선택의 순간은 폭발적으로 늘어나 있고, 따라서 옳고 그름이 하루종일 수백 수천 번 반복되는 세상에서 우리는 쉽게 죄인이 되거나 후회하는 사람이 되기 때문이다.

거기서 벗어나야 하기에 우리의 선택을, 우리의 삶 자체를 그대로 용인해주고, 언제나 지금을 걸어갈 수 있게끔 지지해주고 응원해줄 누군가를 만나야 하는 것이다.

절대적 만남의 힘

4~5년 전쯤 재미있게 읽었던 책 중에 『미루기의 기술』이라는 책이 있다. 이 책의 뒷부분에서 저자인 스탠포드대학의 철학과 교수 존 페리는 젊은 시절의 일화를 이야기한다. 선배 교수인 팻 수페스에게 "행복의 비밀이 무엇이냐"고 물었다.

팻 수페스는 행복의 비밀에 대해 직접적인 답을 하는 대신 행복한 사람의 공통점을 이야기했다. 첫째, 자신의 단점과 결점에 대해 꼼꼼히 파악하고 있다. 둘째, 단점과 결점을 장점으로 취급하는 가치관을 수용한다. 셋째, 그 가치관에 맞춰서 살아가는 자기 자신을 뿌듯하게 여긴다. 이 책의 저자도 여기에 대해 미루기쟁이들이 이 함정에 빠지지 않기를 바란다고 했지만, 이 이야기가 주는 확실한 교훈은 있다.

객관적으로 현실을 직시하고, 일단 그 자체를 긍정한다는 것이다. 단점과 결점이 발전의 걸림돌이 되거나 남에게 피해를 준다면 바꿔야겠지만, 일단 자신의 존재 자체를 긍정하는 것부터 출발해야 한다.

요절한 천재 시인으로 지금까지도 많은 문학도 사이에 회자되는 기형도는 『입 속의 검은 잎』이라는 몽환적인 시집으로 유명하다. 기형도는 1960년 인천시 옹진군에서 3남 4녀의 막내로 태어났다. 아버지가 중풍으로 일찍 돌아가시는 바람에 그는 가난한 어린 시절을 보냈다. 연세대 법정대학에 입학했고 만 25세에 신춘문예에 당선되었지만, 이 재능 많은 젊은 시인은 불과 만 29세에 종로의 한 심야 극장에서 뇌졸중으로 쓰러져 세상을 떠나고 만다. 기형도는 정치적으로 어두운 한국의 1980년대 풍경 속에 우울하고 절망적인 인간 군상을 개성적인 언어로 그려냈다.

「질투는 나의 힘」이라는 시에는 이런 시구가 있다.

내 희망의 내용은 질투뿐이었구나
그리하여 나는 우선 여기에 짧은 글을 남겨둔다
나의 생은 미친 듯이 사랑을 찾아 헤매었으나
단 한 번도 스스로를 사랑하지 않았노라

시는 읽는 사람에 따라 각기 다르게 해석될 수 있지만, 이 시의 마지막 두 줄은 강력한 힘으로 나를 잡아끌었다. 시를 잘 모르는 나도 이 시를 읽었을 때는 깊은 감흥이 일었다.

우리는 자신을 진정으로 사랑해주고, 사랑을 줄 대상을 찾아 일생을 헤맨다. 하지만 자신을 사랑할 줄은 모른다. 사랑하려고 해도 그 방법을 모른다.

기형도 시인의 시처럼, 일생 사랑을 찾아 헤매는 사람은 자신을 사랑하지 않은 것인지도 모른다. 무엇인가를 잘 해서 사랑받고 인정받는 것이 아니라, 사랑받고 인정받고 난 다음부터 그것이 무엇이든 자신의 일을 제대로 할 수 있는 것이다. 자신의 길을 제대로 갈 수 있는 것이다.

절대적인 만남은 무한한 힘을 갖게 한다. 내가 받는 사랑이 조건이 없다는 것, 구분하지 않는다는 것은 나에게 무한한 힘을 갖게 한다. 그것은 내가 사랑을 할 때도 마찬가지다. 그 사람의 잘잘못을 구분하지 않고 사랑할 수 있는 대상이 생겼을 때 무한한 힘이 솟아나는 것을 느낀다. 먼저 신을 믿듯, 나 자신을 이것저것 따지지 말고 절대적으로 긍정하라. 그것이 삶을 살아가는 가장 기초적인 힘이 된다.

존재의 근거

칼 로저스(1902~1987)는 20세기에 활동한 미국의 심리학자로 1950년대 활동한 에이브러햄 매슬로, 롤로 메이와 함께 대표적인 인본주의 심리학자다. 프로이트의 정신 분석학과 스키너로 대표되는 행동주의 심리학과 대비되는 치료법으로 인간의 잠재력을 중시하고 인간이 본질적으로 건강하다는 것을 밝혔다. 그래서 칼 로저스의 심리학을 긍정의 심리학이라고 부르기도 한다. 칼 로저스는 생의 마지막 10년을 세계 평화를 위해 일했으며, 1987년에는 노벨 평화상 후보에 오르기도 했다.

이러한 칼 로저스는 "훌륭한 삶이란 과정에 있다"고 말했다. 훌륭한 삶은 삶에 일어나는 모든 순간을 온전히 경험하는 것이며 그렇게 하려면 마음을 열고 유연하게 살아야 한다고 했다. 세상에 대해 갖고 있는 우리 자신의 고정 관념이 우리를 불행하게 만든다고도 했다. 삶의 기대는 항상 어긋나기 마련이기 때문이다.

칼 로저스가 말한, 마음을 연다는 것은 모든 상황에서 시비를 나누는 오엑스(OX)로 판단하는 분별심을 버리는 것이다.

우리의 이성은 항상 모든 것을 오엑스로 나눈다. 우리의 자아는 오엑스를 분류한 다음 오에 해당하는 무엇인가에 계속 자신을 끼워 맞추려는 특성이 있다. 어딘가에 끼어 들어가지 못하면 불안하고, 끼어 들어간 이후에는 감옥에 갇힌 것처럼 답답해하며 또 다른 감옥을 찾아서, 또 다른 어딘가에 끼어 들어가려고 불안해한다.

노자와 함께 도가 사상의 개조(開祖)인 장자는 "학의 다리가 길다고 자르지 말라"는 말을 했다. 지금 있는 그 모습 그 자체로, 이 순간에 존재하라는 말이다. 온전한 세상, 온전한 존재를 만나기 위해 판단의 안경을 잠시 내려놓을 수는 없을까? 분별의 칼질을 잠시 멈출 수는 없을까?

로저스는 세계를 있는 그대로 보아야 한다고 역설한다. 이 말은 비틀스의 노래 있는 그대로라는 뜻을 가진 「렛 잇 비(Let It Be)」를 생각나게 한다. 비틀스는 인도를 여행하고 와서 이 노래를 만들었다. 모든 것을 있는 그대로 내버려두는 작업을 통해서 우리는 우리를 제약하고, 불행하게 만드는 인식의 틀로부터 벗어날 수 있다. 세상에서 다가오는 것과 무관하게 자신만의 틀로 맞서는 어리석음을 범하지 않는 것이다.

로저스는 행복이라는 것 자체도 특정한 형식에 맞춰서 보려는 경향이 있다고 지적했다. 어떤 상태가 행복이라는 것을 우리는 자연스럽게 드라마나 광고, 각종 미디어를 통해서 교육받게 된다. 앞서 말했던 타인의 욕망을 욕망하는 훈련을 받는 것이다.

하지만 로저스는 더 좋은 상태로 바뀌어야 하는 불완전한 상태에 있는 사람은 아무도 없다고 주장했다. 극단적인 긍정의 심리학이다. 모든 인간이 성장의 과정에 있으며, 그 과정의 경험은 모두가 소중하기 때문이다.

로저스는 존재의 목적은 특정한 목적, 특정한 목적지에 도달하는 것이 아니라고 역설했다. 존재는 한 종점을 향해 여행하는 것이 아니라 끝없이 성장과 발전하는 과정 자체이기 때문이다. 로저스는 인간이 훌륭한 삶을 살기 위해 필요한 연장은 단 한 가지, 오직 완전히 현재를 사는 능력이라고 했다.

우리는 선입견을 배제하기 위해 항상 지금 이 순간에 새롭게 조명을 켜야 한다. 그것이 세계를 온전히 명료하게 보고 살아가는 방법이다. 잠시 눈을 감고 마음의 얼룩을 지워보자. 그리고 조명을 켜고 완전한 현재를 보라.

로저스가 한 가장 감동적인 말은 이것이다. "한 개인의 가치란, 존재라는 기적에 이미 수반된다." 이 말은 인간이 무엇을 잘 해서 가치 있는 것이 아니라, 존재한다는 것 자체로 이미 가치가 확보된 것이라는 말이다. 우리가 우리 자신을 사랑할 근거는 우리의 존재 자체로 확보되어 있는 것이다. 우리가 우리 자신을 절대적인 긍정의 눈으로 바라보는 순간, 에픽테토스(Epictetos, 고대 그리스 로마 시대 철학자)가 말한 것처럼 신에 대한 존경심으로 나 자신과, 내 안의 신성을 존경하는 순간, 내 속에서 절대적인 만남을 이룰 수 있는 것이다. 그리고 이것이 자립의 가장 기초적인 토대가 된다.

절대적인 만남을 반드시 외부의 대상에서 찾을 필요는 없다. 그것은 바로 내 안의 또 다른 나다. 자아를 따듯한 시선으로 보아주는 나다. 절대적인 사랑을 가진 신, 어머니, 친구 같은 시선으로 바라봐 줄 수 있는 초월적 자아다.

그 초월적인 자아, 절대적인 나는 신성한 나이며, 세상에 오염되지 않은 근원적인 나다. 동양 철학에서는 그것을 본성(本性)이라고 한다.

한편 이 초월적인 나는 기질을 갖춘 개성적인 나와는 다른 나다. 둘은 중첩될 수는 있지만 같을 수 없다. 그런데 잠깐 천리를 맛본 기질적인 현실의 내가 자신이 초월적인 나라고 착각할 때 문제가 발생한다. 자아 과잉에 빠져서 사이비 종교 교주처럼 되는 것이다. 그렇게 또 기약 없이 천리와의 연결은 끊어지고 만다. 기질적인 나가 오만해져서 생기는 이러한 질병에 빠질 바에는 내 안에 있는 초월적인 나를 상제라고 하든 신명이라고 하든 외부로 대상화시키는 것이 낫다.

본론으로 돌아와 언제나 내 안에 있는 혹은 내 곁에 있는 그러한 천리와의 절대적 만남을 갖는다는 것은 누군가에게 의지하지 않고, 스스로 무한한 힘을 얻는 것이다. 자신의 본성을 찾아야 자기 인생의 주인공이 될 수 있다.

지금까지 신의 마음을 참되게 하는 것 중 하나로 자신을 상제의 이치에 비춰 절대적으로 긍정하면서 출발하는 것을 이야기했다. 늘 신이 동행하니 걱정하지 말고, 먼저 자신을 절대적으로 긍정하라는 것이었다. 3장에서는 신의 심판과 관련해서 이야기한다. 즉 우리가 아직 훈련이 되지 않아서, 아직 성인이 되지 못해서, 아직 궤도에 오르지 못해서, 인심(人心)을 발휘할 때 자칫 도심(道心)으로부터 출발하지 못하는 문제다.

그렇게 되면 중용을 잃고 중화할 수 없다. 우리의 마음이 천리에 어긋날 수 있음을 경계하며 그것을 스스로 삼가고 회복하는 것에 관한 이야기다. 우리가 우리 자신의 마음을 삼가고, 멀리 떠나지 않아서 도리로 회복한다는 것은 자기 통제력을 지닌다는 것이다. 자기 통제력을 지닌다는 것은 우리가 자신과 천리에 대해 절대적인 믿음을 갖고 있다는 것과 함께 자신의 삶을 주인공으로 산다는 것이다. 3장은 삼가 자신의 마음을 다스려 스스로 내 삶의 주인이 되는 것에 대한 이야기다.

3장

섭심시경(攝心是敬):
삼감, 신(愼)으로
내 삶의 주인이 되다

위태로운 마음을 다스린다

도리는 지금 이 순간의 관점에서 절대적으로 긍정하는 도리면서, 중도에서 벗어나는 것을 바로잡는 도리다.

따라서 참된 마음은 절대적인 현재를 긍정하는 것에서 출발해 앞으로 마음 씀과 언행을 도리에서 자연스럽게 벗어나지 않게 한다. 가장 좋은 수단이 내 마음에 천리가 환하게 드러나 한결같아질 때까지 신독을 훈련하는 것인데, 대표적인 것이 삼감이다. 여기에서는 신독의 신을 삼간다는 의미로 쓸 것이다.

삼감으로 내 삶의 주인이 되는 것에는 2가지 길이 있다. 하나는 내 마음을 삼가는 것이고, 다른 하나는 관계에 있어서 삼가는 것이다.

내 마음을 삼가는 것부터 살펴보자.

신독은 위태로운 마음을 삼가서 길들이는 것이다. 그래야 내가 내 마음의 주인이 될 수 있다.

주자는 순자(荀子)의 말을 인용해서 말했다.

순자가 말하기를, 마음은 눕는 즉 꿈을 꾸고, 주인의 뜻을 훔치면 마음대로 돌아다니고, 부리는 즉 도모한다. 나는 16, 17세에 이 글을 읽고 깨달아 얻는 바가 있었다.

뜻을 도둑질한 마음이라는 것은, 자신도 모르는 사이에 마음이 스스로 도망가고 달려 나가서 자신의 부림을 따르지 않는 것이다. 불가에서 류주상(流注想, 흘러 다니는 마음)이라고 해서 이것을 가장 두려워하는 바다. 위산선사(潙山禪師)가 말하기를, 내가 참선하기를 몇 년 동안 했으나, 지금도 류주상을 끊어내지 못했다. 이것은 순자가 말한 도둑질 당한 마음이 제멋대로 돌아다니는 것이다.

◇◇◇◇◇◇◇◇◇◇◇◇◇

荀子曰 心臥則夢 偸則自行 使之則謀 某自十六七讀時 便曉得此意 蓋偸 心 是不知不覺自走去 不由自家使底 佛家亦有所謂流注想 他最怕這箇 潙山禪師云 某參禪幾年 至今不會斷得流注想 此卽荀子所謂偸則自行之 心也

부리면 도모한다고 했으니, 부리면 원하는 방향대로 생각을 한다는 것이다.

마음이 주인의 부림을 따라서 주인의 부하가 되어야 하는데, 부지불각(不知不覺)이라고 해서 깨어 있지 않다면 주인의 뜻을 훔쳐서 자기마음대로 흘러 다니는 것이다. 이렇게 되면 투심(偸心, 도둑질하는 마음)은 주인집의 금은보화를 훔쳐가서 마음대로 쓰고 다니는 도둑처럼, 통제불능 상태가 되니 주인은 빈곤하고 허탈해지며 무기력한 상태가되고 만다.

마치 귀신들린 것처럼 자신의 뜻대로 살아가는 것이 아니라 도둑의 곳간을 채우고, 도둑의 욕망을 채우면서 살아가야 하는 처량한 신세가 되고 만다. 마음을 어떻게든 나의 지배력 아래 부릴 생각을 해야하고, 그것은 정성스럽게 삼가는 마음으로 가능한 것이다.

마음을 참되게 하고, 홀로를 참되게 하는 신독을 통해서 마음의 주인이 되어야 한다.

신명은 속일 수가 없다

상제임여가 신독의 원천적인 근거라고 했다.

우리가 늘 우리와 함께하는 도리를 속일 수 없기에 우리는 늘 삼가야 한다.

북송의 대학자 소강절은 말했다.

입으로 말하는 것은 몸으로 행하는 것만 같지 못하고, 몸으로 행하는 것은 마음을 다하는 것만 같지 못하다. 입으로 하는 것은 사람이 듣는 바요, 몸으로 행하는 것은 사람이 눈으로 보는 바다. 마음으로 다하는 것은 신이 아는 바이니, 사람의 총명(聰明, 잘 보고 잘 들음)도 속일 수가 없는데, 신의 총명을 속일 수가 있겠는가.

입으로 부끄러움이 없는 것이, 몸으로 부끄러움이 없는 것만 못하고, 몸으로 부끄러움이 없는 것이 마음에 부끄러움이 없는 것만 못하다. 입에 과오가 없기는 쉬워도 몸에 과오가 없기는 어렵고, 몸에 과오가 없기는 쉬워도 마음에 과오가 없기는 어렵다.

◇◇◇◇◇◇◇◇◇◇◇◇

邵子曰 言之於口不若行之于身 行之于身不若盡之于心 言之于口 人得而聞之 行之于身 人得而見之 盡之于心 神得而知之 人之聰明 猶不可欺 況神之聰明乎 是知 無愧于口 不若無愧于身 無愧于身 不若無愧于心 無口過易 無身過難 無身過易 無心過難

신독이란 마음을 참되게 하는 것이라고 했다. 말과 행동은 사람이 눈으로 보고 귀로 들리는 것이라 속이기가 쉽지 않다고 생각한다. 설사 잠시 속였다 해도 언젠가 진실이 드러나게 되어 그에 대한 대가를 받는다는 것을 안다.

물론 언행 역시 잠깐 속이는 데 성공했어도 대개 후일 더 큰 화를 부르게 된다. 마치 도박판에서 처음 횡재를 한 것으로 인해 가산을 탕진하는 수렁으로 빠져드는 것처럼 말이다.

반면 마음에 품는 것은 남들이 보거나 듣지 않으므로 얼마든 속일 수 있다고 생각하기 쉽다. 하지만 『대학』에서도 마음의 성실함이 외형으로 드러난다고 했듯 마음속에 품은 것도 외부 사람이 알게 되는 법이다. 혹은 그렇지 않더라도 신이 보고 듣고 있으므로 더욱 밝게 드러나는 법이다. 신이, 천리(하늘의 바른 도리)가 늘 우리 곁에 있기 때문이다.

신과 천리가 곁에 있는 것을 의심하는 사람은 온갖 나쁜 마음을 품고 스스로를 망치지만, 신이 늘 곁에 있다는 것을 믿는 사람은 마음을 가다듬는 법이다.

물론 사람이기에 어찌 늘 선하고 좋은 마음만 품겠는가. 다만 멀리 가지 않고 돌아오는 것이 중요하다.

자신의 내면, 속마음을 참되게 하는 자는 당장 세상과 사람이 나를 알아주지 못할지라도 신을 감동시키고 신과 감응하니 더 큰 복을 받을 것이다. 이것이 소강절의 뜻이다.

노장 사상(老莊思想)의 개조(開祖), 장자(莊子) 역시 이렇게 말했다.

드러나고 밝은 곳에서 선하지 못한 일을 하면 사람이 주벌(誅罰)을 할 것이고, 보이지 않는 어두운 곳에서 불선을 행하면 귀신이 주벌을 할 것이다.

✕✕✕✕✕✕✕✕✕✕✕✕

爲不善乎顯明之中 人得而誅之 爲不善於幽闇之中 鬼得而誅之

삼가는 것은 주인의 마음이 돌아오게 하는 것이다

삼가서 도심을 갖는다는 것은, 마음을 뽑아서 마음이 없게 만드는 것이 아니라 마음의 밭에서 삿된 마음이라는 잡초를 뽑아서 본래 자라야 할 참된 마음이 제대로 자랄 수 있게 하는 것이다.

주자는 말했다.

배를 뜻하는 곳으로 움직이려면 상앗대를 써야 하고, 밥을 먹고자 한다면 숟가락을 써야 한다. 그런데 삼감을 위주로 하는 마음의 이치를 모르는 것은 배를 부리려고 하면서 상앗대를 쓰지 않고, 밥을 먹고자 하면서 숟가락을 사용하지 않는 것과 같다.

마음을 챙기고 다스리는 것은 오직 경(敬)을 통해서만 가능하다. 잠시라도 삼간다면 무슨 일이 벌어지는지 알 수 있다. 산에 올라가는 것도 이 마음으로 하고, 물에 들어가는 것도 이 마음으로 한다.

✕✕✕✕✕✕✕✕✕✕✕✕

撐船須用篙 喫飯須使匙 不理會心 是不用篙 不使匙之謂也 攝心只是敬

才 敬看做甚麼事 登山亦只這箇心 入水亦只這箇心

상앗대 고(篙, 물이 얕은 곳에서 배질을 할 때 사용하는 장대), 숟가락 시(匙)는
모두 마음의 이치다. 마음의 이치는 곧 마음을 삼감으로 다스린다는
것이다. 즉 마음을 삼갈 수 있으면 배를 움직일 때 상앗대를 쓰고, 밥
먹을 때 숟가락을 써서 먹을 수 있는 것처럼 자신의 마음과 자신을 잘
다스릴 수 있다. 그것이 섭심시경(攝心是敬, 마음을 지배하는 것은 삼감)이다.

산에 올라갈지 물에 갈지 제대로 결정하려면 마음이 온전해야 한
다. 온전한 마음을 가지려면 경, 삼가야 한다. 마음을 멈추고 비우면
에너지가 새롭게 들어차 현재에 온전히 집중할 수 있게 된다. 삼가는
것은 이 온전한 마음을 되찾기 위해서다.

온전히 현재를 보고 온전히 집중한다는 것, 이것은 이론적이고 추
상적인 이야기가 아니다. 온갖 색깔로 펼쳐지며 펄펄 살아 있는 지금
의 이야기다. 이것은 경험으로만 알 수 있다.

이 이치가 내 마음을 온전하게 만드는 이치이며 내 마음을 부리는
이치다. 내 마음의 주인공이 되는 이치다.

이 이치로 선택하고 행하고 느끼는 것이다. 삼가지 않으면 마음이
없는 것이요, 마음이 없으면 보아도 보는 것이 아니요, 들어도 듣는
것이 아니다. 마음이 있어야 산에도 가고, 물에도 간다는 것은 이것을
말한다.

구체적으로 살펴보면, 내가 내 마음의 주인공이 되려면 마음을 잘
길들여야 한다. 무엇보다 마음이 위태롭게 동하면 편안하기 어렵다.

마음이 멈추지 않는다는 것은 어떤 의미인가? 마음이 이곳저곳을 원숭이처럼 길길이 뛰어다닌다는 것이 어떤 의미인가? 우리는 어떻게 짐승 같은 마음에서 벗어날 수 있을까?

마음이 위태로워지는 것은 대체로 태만하거나 방탕하기 때문이다.

마음을 태만하거나 방탕하게 만들지 않는다

『단서(丹書)』는 주나라 무왕이 황제로 즉위할 때, 강태공이 경계의 말씀으로 지어 바친 책이다. 『단서』에 이런 말이 있다.

삼감이 게으름을 이기는 자는 길하다. 게으름이 삼감을 이기는 자는 멸망한다. 올바름이 욕심을 이기는 자는 천리를 따르는 것이며, 욕심이 올바름을 이기는 자는 흉하다.

누군가 여기에 대해 묻자 주자가 대답했다.

경(敬)하면 꼿꼿하게 설 수 있고, 태만하고 방만하면 넘어진다. 이치를 따름을 의(義, 올바름)라고 하고, 이치를 따르지 않음을 욕(欲)이라고 한다. 경과 의는 각각 체(體, 본체)와 용(用, 활용)이니 곤괘(坤卦)의 말과 같은 것이다.

◇◇◇◇◇◇◇◇◇◇◇◇◇◇

問丹書 敬勝怠者吉 怠勝敬者滅 義勝欲者從 欲勝義者凶 朱子曰 敬便堅立 怠便放倒 以理從事是義 不以理從事是欲 這敬義是體用 與坤卦說同

곤괘와 같다는 것은 이런 것이다. 『역경』 곤괘 효사(爻辭, 괘를 구성하는 각 효를 풀이한 말)에는 "경이직내 의이방외(敬以直內 義以方外)"라는 말이 있다. 경으로 안을 바로 세우고, 의로 밖을 바르게 한다는 말이다. 안은 나의 내면이고, 밖은 세상으로 나아가 살아가는 것이다.

의이방외, 밖을 방정(方正), 바르게 한다는 말은 의롭게 산다, 바르게 산다는 의미를 넘어 사물이든 사람이든 제 각기 자신의 분수에 맞게 한다, 바른 위치를 찾게 한다는 의미로 확장될 수 있다.

윗글을 요약하면 경의(敬義), 삼감과 올바름을 택하면 길하고 태욕(怠欲), 게으름과 욕심을 택하면 흉하다는 말이다.

공경하는 마음으로 삼가는 것이 본체이고, 그렇게 마음을 바로 세워서 사건이나 사람을 대할 때 올바름을 택해서 행한다는 것이다. 그래서 삼감이 먼저고 의로움이 나중이 된다.

태만함이 삼감을 이기는 자는 멸망하고, 삼감이 태만함을 이기면 기운이 충만해 바르게 설 수 있다. 홀로 있을 때 삼가지 않고, 태만하고 방탕하게 생활하면 기운이 흩어져 빈 자루처럼 제대로 설 수 없다.

스스로의 힘으로 설 수 없으니 자립할 수 없다. 자립할 수 없는 자는 멸망하거나 누군가, 무엇인가에 의지하기 위해 구걸하듯 돌아다녀야 한다. 홀로 있을 때 태만하고 방탕한 자는 세상으로 나왔을 때 올바르기 힘드니 각종 사건 사고를 비롯하여 대인 관계에서도 많은 마찰을 일으킨다. 자연스럽게 멸망의 길로 간다.

자립할 수 없는 사람은, 인터넷이나 SNS를 떠돌기도 하고 자신에게 힘을 줄 누군가를 찾아다녀야 한다. 대인 관계에서도 심각하게 건강에 문제가 있는 등 특별한 경우를 빼고는 자립할 수 있는 사람끼리

의 관계가 건전한 것이다. 한쪽이 한쪽을 일방적으로 의지하는 관계
는 오래가기 어렵고 문제가 발생한다. 스스로 설 수 있는 사람이 되려
면 태만함을 이기고 삼가야 한다. 충만한 기운으로 자립하려면 신독
해야 하는 것이다.

『서경』에 인심은 위태롭고 도심은 은미하니 오직 정밀하고 오직 한
결같은 것이니, 반드시 그 중도를 잡아야 한다(人心惟危 道心惟微 惟精惟一
允執厥中)고 했다.
　주자의 문인(門人, 문하생)이 인심의 위태로움을 주자에게 물었다.

　"위태롭다는 것은 위태롭게 움직여서 편안하지 못한 것입니까?"
　주자는 이렇게 답했다.
　"위태롭게 움직여서 평안하지 못한 것뿐 아니라 인욕(사람의 욕망)을
따르면 자연스럽게 험지에 빠지게 된다. 그 마음이 홀연히 저기에 있
고 또 홀연히 사방 만 리 밖을 떠돈다."
　장자가 말한 사람이 분노할 때는 뜨겁게 타오르는 불과 같고, 두려움
에 전율이 일 때는 차갑고 응결되어 있는 얼음과도 같은 것이다.

◇◇◇◇◇◇◇◇◇◇◇◇

問危是危動難安否 曰 不止是危動難安 大凡徇人欲 自是危險 其心忽然
在彼 又忽然在四方萬里之外 莊子所謂其熱焦火 其寒凝冰 凡苟免者 皆
幸也 動不動 便是墮坑落塹 危孰甚焉

우리가 살아가면서 감정이 분노로 타오를 때는 주체하지 못하는

불과 같고, 두려워할 때는 얼음처럼 차가워서 일으킬 수가 없이 가라 앉아 벌벌 떨기도 한다. 장자의 이야기는 극단적인 예이며, 우리가 일상생활에서 느끼는 마음의 위태로움은 오히려 앞서 이야기한 홀연히 사방 만 리를 돌아다니고, 여기저기를 떠돌아다니는 것과 같다.

마음이 꽁지에 불붙은 망아지처럼 정신없이 달아나고, 미친 소처럼 길길이 뛰다 울타리를 넘고, 원숭이처럼 이 나무 저 나무를 옮겨 다니면서 비명과 괴성을 지르니 우리가 어떻게 편할 날이 있겠는가?

마음이 통제가 안 되니 불편하고 괴로운 것을 넘어 험지에 빠져서 심각한 고통을 겪는 일도 비일비재하다.

주자는 또 말했다. "구차하게 위험을 벗어나는 것은 요행일 뿐이다. 언제나 구덩이와 참호에 떨어지는 신세가 되니 위태로움을 더 말해서 무엇 하리오."

인간이 욕망을 따라가면 언제나 사방이 가로막힌 곳에 빠져서 앞이 캄캄해지는 고통을 받게 된다. 어쩌다 고통을 벗어나는 일은 요행으로 드문 일일 뿐이다.

숨어 있는 주인공의 마음을 잘 살펴 도심이 드러나게 해야 한다. 반드시 그 중도를 잡아야 한다고 했지만 중도는 일부러 잡으려고 달려들어 집착하거나 서두르면 실패하기 쉽다.

서두르지 말고, 잊지도 말라

태만하거나 방탕하지도 말고, 서둘러서도 안 된다. 도는 그 중간 혹은 그 둘을 합친 것에 있다.

가장 좋은 효과를 내는 중도(中道)는 어떤 것일까?

지나친 긴장도 문제지만 너무 느슨한 태도도 당연히 좋은 결과를 낳기 어렵다.

심리학, 뇌 과학에는 이완된 집중이라는 말이 있다.

인간의 뇌파는 크게 3종이 있다. 흥분된 상태인 베타파가 있고 수면 상태에 가까운 세타파가 있으며 상대적으로 안정된 알파파가 있다. 이 알파파에도 3종이 있다. 이완된 상태에서는 느린 알파파가 나오며, 집중된 상태에서는 빠른 알파파가 나온다. 그런데 이 중간 상태인 중간 알파파가 있는데, 이때를 이완된 집중 상태라고 한다.

스포츠 시합이나 시험뿐 아니라 공부를 하거나 일을 하는 데도 이 이완된 집중의 상태가 가장 좋은 성과를 낼 수 있다고 한다. 타고난 담력이 없다 해도 스포츠 선수들처럼 명상, 이미지 트레이닝 같은 훈련을 통해서 이 이완된 집중의 상태에 도달할 수 있다.

올림픽 대표 팀을 지도한 김병현 박사는 선수들을 탁구장에 앉혀 놓고, 모든 의식을 호흡에 맞출 것을 지시했다. 이것은 자연스럽게 명상 상태에 도달하게 하는 요가 수행자들의 사마타 수행 방식과 같다. 또한 자신의 생각이 흐르는 것을 중단하지 말고 끝까지 쫓아가라고 했다. 그러다 생각이 끊어지면 다시 호흡으로 돌아오는 것이다. 이것은 관찰을 통해서 명상 상태에 이르는 비파사나 수행법과 일치한다. 이후에 탁구 기술에 대한 이미지 트레이닝을 하니 선수들이 이완된 집중으로 큰 효과를 거둘 수 있었다고 한다.

도를 기르는 방법에 대해 맹자는 이렇게 말했다. "마음에서 잊지도 말 것이며, 억지로 기르려고 하지도 말라." 억지로 기르려고 하는 것은 이미 욕심이 생겨나서 결과를 머릿속에 상정하거나 기대하는 바가 있는 것이다. 이렇게 되면 또다시 도와 멀어진다.

그것은 알묘조장(揠苗助長)이니, 싹이 빨리 자라기를 바라는 마음이 집착이 되어 싹을 억지로 잡아 뽑는 것이다. 그렇게 되면 곡식이든 과실수든 제대로 자라지 못하고 시들어 죽고 말 것이다. 도를 기르는 것도 아이를 기르는 것이나 곡식을 기르는 것과 같아서 서두르지 말고, 관심을 놓지 않는 방식으로 해야 한다.

미쳐 날뛰는 마음, 인심을 잘 붙잡아두기만 하면 이면에서 도도히 흐르고 있던 강물 같은 도심은 절로 드러난다. 중도를 붙잡으려고 달려들면 그것 역시 또 하나의 인욕이 되어 마음은 또다시 사방 만 리밖을 헤매고 다닐 것이다.

마음을 통제하는 길, 인심을 붙잡는 길은 삼가는 것이니 신독하는 일이다. 정성스러운 마음으로 삼가는 것을 반복하면 마음은 길들여진 보라매처럼 부르면 자기 손으로 돌아오는 것이다.

마음이 길들여질 때까지 미친 소, 미친 원숭이, 미친 망아지와 한판 승부를 해야 한다. 그 작업이 은미하다면 은미할 수 있을 것이다. 정면으로 맞서 싸우지 않는 것처럼 처음에는 달래면서 온갖 장치를 설치하고 도심으로 돌아오게 하는 훈련을 한다. 처음에 삼가서 도심으로 돌아오게 하는 일이 잘 안 되면 보상책 같은 것으로 설득하거나 속여야 한다.

급하게 붙잡으려고 서두르면 금방 도망가고 말기에 유인을 해야 하는 것이다.

그렇게 해서 돌아다니는 것을 멈추게 하고, 필요하면 부패한 마음의 목숨을 완전히 끊어서 없는 것처럼 만들 때, 새롭게 태어난 건강한 마음을 부릴 수 있는 것이다. 이 모든 일을 한결같이 정성스럽게 해야 한다. 그것이 신독(愼獨)의 일이다.

보편성과 주인공

신독을 통해서 자기 통제력을 확보하려고 하는 것은 자기 삶의 주인공이 되기 위해서다. 왜 신독해야 하는가? 시공(時空, 시간과 공간)으로부터 독립된 보편적인 가치를 얻고, 그 힘을 바탕으로 자기 통제력을 갖추고, 주인공으로 거듭나는 것이다. 그런 사람은 관계에서 당당하게 독립을 선언할 수 있다. 따라서 세상의 흐름과 관계에 휘둘리지 않으려면 천리 같은 보편성을 획득하는 것이 우선이다. 이를 좀 더 들여다보자.

자기 삶의 주인공으로 살려면 세상의 흐름에 휘둘려서 일희일비(一喜一悲)하지 않는 강한 자기중심이 필요하다. 세상의 흐름에는 2가지 흐름이 있다. 외부적·공간적으로는 바깥세상의 흐름이고, 내부적·시간적으로는 평생 자기 자신에게 다가오는 생로병사의 흐름이다.

우리가 분명한 주체성으로 세상을 살아가는 일이 중요한 이유는 누구도 내 삶과 내 삶의 행복을 완전히 책임질 수 없기 때문이다. 가장 가까운 가족을 비롯해 어떤 존재라도 내 운명에 일정한 도움을 줄 수 있을지언정 완전히 책임져주지는 못한다.

혹 누군가 그럴 의지가 있다 해도 전적이고 영속적인 능력을 발휘할 수 없다. 그렇게 할 수 있다면 그 사람의 운명이 아니라 책임져주는 사람의 운명이라고 할 수 있다.

그리스 신화에 나오는 아낭케라는 운명의 신은 불가피함, 힘이라는 뜻이 있다. 운명의 바퀴인 방추를 쥐고 있는 모습으로 표현되는데, 그리스의 서정시인 시모니데스는 신들조차 아낭케와 맞설 수 없다고 적었다. 그 누구도 우리의 운명을 대신할 수 없다. 그렇기에 우리는 자신만의 주체성을 기르기 위해 노력해야 하고, 그것은 세상의 흐름에 휘둘리지 않는 자신을 발견하는 것으로부터 출발한다.

시간의 흐름에서 자유로워지려면 어떻게 해야 할까? 나사렛 예수는 우리가 어린아이처럼 되지 않고는 천국에 들어갈 수 없을 것이라고 했다. 우리는 우리 내부 속에서 영원히 늙지 않는 어린아이를 발견해야 한다. 우리 안의 늙지 않는 아이는 순수하다. 세상을 이편과 저편으로 나누지 않는다. 세상을 선입견 없이 있는 그대로 바라본다. 그래서 세상의 실상을 얼룩 없이 그대로 바라볼 수 있다.

우리가 거울을 보고 눈가의 주름과 하얗게 새가는 머리칼을 발견할지라도 우리의 마음은 젊은 시절, 청소년기의 시절 그대로라는 것을 쉽게 확인할 수 있다. 우리의 몸이 다시 그때 그 시절로 돌아간다면 우리는 금세 그곳에 적응해서 다시 활기 넘치는 청년으로, 후회 없는 삶을 위해 아쉬움을 남기지 않기 위해 오히려 더 청년답게 살아갈 것이다.

나이가 들어서도 어린아이 같은 동심을 지키며 살아가는 사람, 빨래를 하다 서로에게 물총을 쏘고, 소파 뒤에 숨었다 나타났다 하면서 장난을 치는 사람이 있다. 이럴 때 우리도 죽은 줄 알았던 우리 안의 어린아이를 발견하게 된다.

나이를 먹으면서 갖게 된 선입견에서 자유로운 나, 세상에 물들기 전의 순수함을 발견한다면 우리는 지금 당장 천국의 문을 열 수 있을 것이다. 그것은 우리가 입을 틀어막기 전, 언제까지나 우리 내부에 잠 재해 있는 것이고 다시 되살릴 수 있는 것이다.

니체는 인간의 단계를 3등급으로 분류했다. 첫째는 낙타, 둘째는 사자, 셋째는 어린아이다. 낙타는 세상으로부터 주어진 의무를 짐을 지고 걸어가는 낙타처럼 수행하기만 하는 인간, 그런 삶이다. 사자는 세상이 만들어놓은 규칙과 의무에 대해 적극 저항하는 사람이다. 그 런 힘을 갖기 위해 노력하는 사람이다.

어린아이는 세상을 놀이처럼 즐기는 사람이다. 우리는 어렸을 적 친구들과 함께 놀이를 할 때, 끝없이 새 규칙을 만들고 게임을 만들어 냈다. 세상의 기준과 의무에 짓눌려 있지 않은 사람은 세상을 창조적 으로 게임을 즐기듯 살아갈 수 있다. 그 어린아이는 우리 자신 속에 언제나 내재해 있다. 삶을 주체적으로 살고 싶다면 이러한 어린아이 를 찾아야 한다.

공간의 흐름에서 자유로워지려면 어떻게 해야 할까? 시대적 유행, 문화와 무관한 인류 보편의 가치를 발견해야 한다. 보편의 가치에 대 한 신념을 갖고 그것을 안다는 것은 그것을 알고, 모르고를 떠나서 우 리 삶에 하나의 지도를 만들어준다.

우리는 집시처럼 떠돌지라도 내면에 자신만의 고향집을 가져야 한다. 우리는 완벽하지 못한 인간이다. 목표점이 있어도 직선으로 나아갈 수 없는 것이 인간이다. 육체의 욕망, 사고와 이성의 불완전성으로 인해 우리는 반드시 우회하는 길을 걸을 수밖에 없다. 하지만 목표점은 알아야 한다. 목표점이 없다면 미로와 혼돈의 수렁에 빠져 죽는 길밖에 없다. 삶에 의미가 없을 것이다. 하지만 돌아가야 할 고향, 목표점을 안다면 아무리 방황해도 언젠가는 평안한 존재의 집에 돌아갈 수 있다.

그 고향이 바로, 인류 보편의 가치다. 따라서 우리는 그것을 알고 확인하고 신념을 가져야 한다. 그것은 세상의 유행, 한 시대의 문화와는 무관하다. 시대와 문화에서 독립적인 보편적 가치를 발견하는 것, 그것이 세계라는 절대자를 단독으로 만나서 우리가 반드시 해야 할 일이다. 그 내면에 품고 있는 천국이 우리를 마침내 천국의 도시에 도착하게 할 것이다. 우리는 시공을 초월해 어떻게든 자기 삶의 주인공으로 살아갈 뜻을 가져야 한다. 그것이 우리 자신을 분명히 더 나은 곳으로 인도할 것이기 때문이다.

신독은 세속의 삶을 관성적으로 따르는 것이 아니라, 삼감으로 내 안의 순수성과 보편의 가치를 찾아 나가는 과정이다. 그 본성을 찾음으로써 우리는 우리 삶의 당당하고 행복한 주인공이 될 수 있다.

밤바다 위에서

삼감으로 천리를 밝혀서 내 마음의 주인이 되었다면, 관계에서도 당당하고 결연하게 주인 됨을 선언할 수 있어야 한다. 신독은 본성을 되찾아 자립하고, 내 삶의 진정한 주인공으로 거듭나는 길이기 때문이다.

20살 청년 시절에 들었던 한 전공과목 수업이 생각난다. 지금은 모교에서 권위 있는 교수로 존경을 받고 있지만 당시는 강사 신분이었다. 정확히 기억은 나지 않지만 전공인 사상 분야와 관련된 수업이었던 것 같다.

선생님은 키가 컸고, 어렸을 적 『삼국지』 표지에 그려진 관우처럼 얼굴은 길쭉하고 이목구비가 뚜렷했는데 말투에는 강한 경상도 억양이 묻어 있었다. 서글서글한 눈빛에 미소를 가득 담고 있어서 첫눈에 인상이 참 좋았다. 선생님은 수업이 시작되자 유인물을 한 장씩 나눠주셨는데, 사상 이론에 관한 것이 아니라 한 편의 시가 적힌 유인물이었다.

어리둥절해하는 우리들에게 선생님은 물었다.

"사랑의 첫 번째 조건이 뭐라고 생각하는가?"

지목된 학생들은 여러 답을 내놓았다. 현실적인 대답부터 얼굴을 붉히며 한 낭만적인 대답까지 다양했다. 대답을 다 듣고 난 후 선생님은 말했다.

"진정한 사랑의 첫 번째 조건은 자립이다."

그러고는 한참을 자립의 의미에 관해 말씀해주셨다. 기대했던 것과는 다른 뜬금없는 전개였지만, 돌이켜보면 선생님이 갓 성년이 된 대학교 1학년 새내기들을(당시에는 신입생을 프레시맨이라고 했다) 맞아 딱딱한 이데올로기나 사상보다 삶에서 더 중요하고 근본적인 것이 무엇인가를 알려주고자 했던 것 같다.

유인물에 적힌 시인의 이름은 서지마였다. 시인은 1896년 중국 저장성의 한 부유한 집 안에서 태어나 베이징대학을 거쳐 1918년 미국으로 유학을 떠났다. 미국 클라크대학에서 본래 경제학을 전공했는데 그곳에서 미국의 문인과 철학자들의 영향을 받았고, 다시 영국으로 떠난 뒤 임휘인이라는 운명적인 여인을 만나 시인으로 변모하게 되었다.

카펜터, 러셀, 맨스필드 등과 교유했고 1922년 중국으로 귀국해 《신월(新月)》이라는 잡지를 창간했다. 중국 현대시 문학계를 진일보시킨 서지마는 중국 최고의 낭만 시인으로 역사에 기록되었다.

훗날 교수님이 나눠준 유인물에서 보았던 서지마의 시를 한 책에서 발견하고 한동안 젊은 날의 추억에 잠겼었다. 시 제목은 「우연」이었는데, 서지마가 임휘인에게 보낸 것이었다.

나는 하늘에 떠도는 한 조각 구름

우연히 그대의 물결치는 가슴에 그림자를 드리우면

그대는 거리낄 필요도 없고

즐거워할 필요도 없소

한순간에 흔적도 없이 사라져버렸으니

그대와 내가 칠흑 같은 밤바다 위에서 만난다면

그대에게는 그대의

나에게는 나의

길이 있기에

당신이 기억해주어도 좋고

더 좋은 것은 잊어버려 주는 것이요

오직 우리가 서로 함께했던 빛줄기를 맞을 뿐

우리는 모두 각자의 길을 걸어간다. 길 위에서 누군가를 만나고 사랑을 나누더라도 결국 혼자 길을 걸어가는 것이다. 그렇게 자신만의 길을 걸어갈 수 있는 사람만이 관계에서 빛줄기를 나눌 수 있다. 누군가에게 업혀가려고 하고 기대하고 의존적으로 되어 집착한다면 관계는 의심과 질투와 분노로 가득한 고통이 되고 말 것이다.

자기 내면이 빈곤한 자는 늘 밖에서, 누군가에게서 충족감을 얻으려고 한다. 아무리 돈이 많아도 오늘 SNS에서 명품 백을 자랑하면서 좋아요를 받으려고 발버둥치고 있다면 그는 가난한 사람이다. 그런 내면의 노예는 늘 불안해하고 상처를 주고받으며 세상과 사람에게 분노한다. 내면이 스스로 부유한 자는 남의 부를 탐내지 않는다. 단지 우연히 만났을 때 빛줄기를 나눌 뿐이다.

자립 선언문

서지마의 「우연」은 한 심리학자의 선언문을 떠올리게 한다. 인본주의 심리학의 주춧돌을 놓은 심리학자로 인정받는 프리츠 펄스 (1893~1970)는 1893년 베를린에서 태어나 의대를 졸업하고, 히틀러를 피해 미국으로 갔다. 펄스는 게슈탈트 심리학에 영향을 받아 게슈탈트 심리 치료법을 개발했다. 게슈탈트는 형태, 전체 등으로 해석되는데, 게슈탈트 치료는 인간의 마음과 몸, 환경을 조각내지 않고 하나의 전체로 파악해 치료하며, 환자를 치료할 대상으로 대상화하지 않고 환자와 함께 환자의 마음을 탐구한다. 펄스는 분열되어 있는 현대인들을 전체성과 통합성으로 지금 여기에 온전히 집중할 수 있도록 돕는 치료를 했다.

이러한 게슈탈트 치료법은 환자를 특정한 목표로 이끄는 것이 아니라 오로지 서로 공감하면서 자기 스스로 찾아 나갈 수 있게 함으로써 치료의 공을 환자에게로 돌린다. 이 치료법은 후일 칼 로저스의 인본주의 심리학에 영향을 끼쳤다.

펄스 치료법의 핵심은 인간이 주체적으로 현재를 온전히 살아갈 수 있도록 돕는 것이었는데, 펄스가 치료법을 요약한 게슈탈트 선언문(Gestalt prayer)을 읽다 보면 서지마의 시를 연상케 된다.

나는 내 길을 가고 당신은 당신의 길을 간다.
나는 당신의 기대에 맞추려고 이 세상에 있는 것이 아니다.
당신은 내 기대에 맞추기 위해 이 세상에 있는 것이 아니다.
당신은 당신, 나는 나다.
우연히 서로를 발견한다면 얼마나 아름다운 일인가.
하지만 그렇지 못하더라도 어쩔 수 없다.

우리는 누군가의 기대를 맞추며, 세상을 살아가기 위해 존재하지 않는다. 물론 상대방도 나를 위해 존재하지 않는다. 그것이 설사 사랑하는 사람이라 할지라도 나의 주체성과 적극성을 잃어서는 안 된다. 그것은 우리를 존재하게 한 신에 대한 모독이다. 우리는 사회가 만들어놓은 헛된 꿈에 빠져, 타인의 욕망을 욕망하며 일생을 허비해서는 안 된다.

펄스는 우리가 주체성을 가진 사람으로 살아가기 위해 세계를 해석하는 주체적 태도를 강조했다.

프리츠 펄스는 우리가 인식하는 현실이란 우리가 그것을 바라보는 방식을 통해서 재창조되는 것일 뿐 사건 자체가 아니라고 말했는데, 이것은 칸트가 인간은 인간이 가진 인식 도구의 한계로 인해 물자체(物自體, 절대적이고 객관적 진실)는 결코 알 수 없다고 말한 논지와 상통한다. 펄스 역시 그렇기에 우리가 알 수 있는 진실은 오직 개인적인 진실일 뿐이라는 것이다.

이 생각을 발전시켜보면, 개인의 경험을 창조하는 것이 전적으로 개인에게 달려 있는 논리와도 통하게 된다. 그래서 우리의 현실을 바꾸는 것은 우리 자신의 책임이 된다. 자신이 선택한 세계관과 자신이 창조한 삶은 오롯이 자신의 몫인 것이다.

펄스는 우리가 외부 환경과는 무관하게 내적인 경험을 조절할 수 있기에 환경을 어떻게 해석하고 반응하느냐에 대한 권리를 가지게 된다고 했다.

한편으로 나의 길에 관한 권리에 대해 잘 안다면 당신의 길, 남의 길에 대한 이해도 넓어질 것이다.

우리는 평소에 우리가 인식하는 현실이, 칸트가 말한 완전한 객관적 실체일 수 없다는 사실에 대해서 망각하기 쉬우므로 펄스의 밀마따나 자신의 세계관이 객관적이라고 지독한 착각을 하며 살아간다. 그렇기에 남들에게 쉽게 충고를 하고 다른 사람의 생각을 함부로 재단하려고 든다. 각자 자신들이 재창조한 특유의 경험, 자신만의 진실에 따라서 살아가는 것을 간과하기 때문이다.

다시 펄스의 논지로 돌아오면, 나를 즐겁게 하는 것도 나를 화나게 하는 것도 나 자신뿐이라는 말이다. 그것은 우리에게 일어나는 많은 일에 대해 우리 자신의 대응이 무엇이냐에 따라서 우리는 즐거울 수도 있고 화가 날 수도 있다는 말이다. 이것이 훈련이 되면 우리는 우리의 마음을 평온하게 유지할 수 있다. 펄스는 외부의 환경과 상관없이 자기 마음의 평정심을 유지하는 것을 항상심(恒常心)이라고 했다.

펄스는 환자의 자각(自覺)을 키우고, 자각을 오직 현재 순간에 맞추는 법을 배우게 함으로써 항상심을 유지하고 현재를 살며 자신이 창조한 현실을 경험할 수 있도록 도왔다.

우리는 모두 스스로의 힘으로, 각자의 깨달음으로 살아가는 것이며 언제나 자신 스스로의 힘으로 새롭게 창조한 지금, 현재를 살아가는 것이다. 그래서 우리는 우리 스스로 자신의 현실을 창조하는 능력, 자립의 힘을 길러야 한다.

펄스의 생각은 멀게는 로마의 철학자 에픽테토스와 연결되어 있고, 가깝게는 19세기 미국의 존경받는 사상가이자 문학가인 에머슨을 연상시킨다.

에픽테토스는 약 2,000년 전에 로마에서 활동했던 스토아학파의 철학자였다. 에픽테토스는 노예 출신이었음에도 위대한 철학자가 되어 후대의 큰 존경을 받았다.

에픽테토스는 주인에게서 회초리로 다리를 부러지도록 맞았지만 주인을 미워하지 않았고, 자신의 훌륭한 정신으로 노예에서 해방되었다. 이후에 헬라스(헬레네스) 북서부 지역에 학교를 세웠고, 하드리아누스 황제의 초청을 받을 정도로 명성이 높았다. 로마의 황제이자 『명상록』으로 유명한 철학자, 마르쿠스 아우렐리우스 역시 에픽테토스를 존경했다고 한다.

에픽테토스 철학의 핵심은 삶에 대한 인간의 태도였다. 에픽테토스는 펄스가 재현해냈듯 우리를 고통스럽게 하는 것은 우리에게 일어난 사건이 아니라, 그 사건에 대한 우리 자신의 태도라고 했다. 어떤 사건도 우리를 고통스럽게 할 수 없으며, 그 사건에 대해 우리가 어떤 태도를 취하느냐에 따라서 우리는 행복해질 수도 있고 불행해질 수도 있다는 것이다.

다른 사람의 나에 대한 입장, 각종 사건, 이것에 대한 나의 입장과 견해 같은 태도는 내가 조절할 수 있다. 그것을 확고하게 인지하고 실천하는 것이 자립하는 길이다.

에픽테토스는 이런 말도 했다.

"신에 대한 존경심으로 자신을 존경하라."

에픽테토스는 인간이 신성을 가진 신의 한 조각임을 믿어 의심치 않았다. 에픽테토스는 인간이 가진 신성에 대한 믿음을 바탕으로 정신적 자유를 지향함으로써 자신의 불행한 운명을 이겨낸 위대한 철인이었고, 그의 철학은 내면의 길을 찾는 후세 인류에게 깊은 감흥을 주었다.

한편 20세기 중반을 풍미한 게슈탈트 선언문에 앞서 19세기 랄프 왈도 에머슨의 자립 선언문이 있었다. 에머슨은 미국을 대표하는 사상가이자 문인으로 에머슨을 빼놓고는 미국 문학을 논할 수 없다는 말이 있다. 살아생전에 에머슨의 평전이 출간되었을 정도로 영향력은 지대했는데, 에머슨이 남긴 글은 미 국민은 물론이고 전 세계인들에게 많은 영감과 가르침을 주었다.

랄프 왈도 에머슨은 1803년 보스턴에서 독실한 목사의 아들로 태어나 하버드대학을 졸업하고 목사가 되었으나 종교의 교리에 회의를 느끼고, 미국과 유럽 등지를 방랑하며 『월든』의 저자 헨리 데이비드 소로우, 너새니얼 호손, 토머스 칼라일 등과 교유했다. 동양 철학에 심취했고, 자연 질서에 기초한 순환론적 세계관을 확립한 후 깊은 울림이 있는 가르침을 전파했다. 최초의 흑인 대통령인 미국의 오바마 대통령은 한 인터뷰에서 일생 동안 에머슨의 책이 『성경』 다음으로 가장 큰 힘을 주었다고 했다. 에머슨은 자립 선언문을 통해 지금도 우리에게 세상에 오직 혼자만의 힘으로 당당히 서라고 외치고 있다.

오 아버지, 어머니, 아내, 형제 그리고 친구여, 나는 지금까지 헛된 환상만 따라 그대들과 함께 살아왔다. 하지만 이제부터 나는 진실의 편에 설 것이다. 지금부터는 영원불변의 법칙만 믿을 것이다.
나는 부모를 봉양하고 가족을 부양하고 내 아내의 충실한 남편이 되기 위해 노력할 것이다. 그러나 전에 없던 새로운 방식으로 이 관계를 만들어갈 것이다.
나는 당신들의 관습을 따르지 않을 것이다. 나는 나 자신이 될 것이다. 나는 당신들을 위해 나 자신을 길들이지도 않을 것이고, 당신들에게도 그렇게 하지 않을 것이다.

당신이 나를 있는 그대로 사랑한다면 우리는 더 행복해질 것이다. 당신이 그렇게 하지 못한다고 해도 나는 언제까지나 그렇게 하도록 애쓸 것이다.

나는 내가 싫어하고 좋아하는 것을 숨기지 않을 것이다. 나는 내 안에 성스러움이 숨어 있다고 믿는다. 따라서 내 안에 있는 나를 기쁘게 하는 모든 것, 가슴이 시키는 일을 따라 그것이 무엇이든 맹세코 충실히 행할 것이다.

물론 에머슨의 이 글이 자립 선언문이라고 이름 붙여진 것은 아니다. 에머슨의 강단과 정열이 넘치는 이 글을 읽고 이런 제목을 붙여도 좋겠다고 생각해서 붙여보았다.

에머슨의 이러한 패기는 어디서 나오는가? 그것은 하루 이틀 쌓인 내공이 아니다. 마치 16세기 종교 개혁을 이끌었던 마르틴 루터 같은 치열했던 회의와 고뇌의 시간들, 방랑과 실천의 시간들이 쌓여서 자신만의 목소리를 토해낼 수 있었던 것이다.

이러한 경지에 오른 사람은 자신의 존재에 대한 투철한 근거와 불멸하는 내면에 대한 믿음을 갖고 있다. 그렇기에 당당히 자신의 관계에서 자신이 주인공이 되겠다는 선언을 할 수 있었다. 삼감으로 자기 통제력을 가진 자들만이 자신에 대한 변치 않는 믿음을 가질 수 있고, 이러한 길을 걸을 수 있다.

여기까지 천리의 2가지 속성을 근거로 마음을 참되게 하는 2가지 의미에 대해 알아보았다. 2장에서는 절대적인 긍정으로, 3장에서는 삼감으로, 마음과 관계를 참되게 하는 것이다. 그리고 이 긍정과 삼감이라는 힘을 바탕으로 내 삶의 주인공이 되어야 한다고 역설했다.

4장에서는 상제임여라는 천리의 속성에 근거해, 신독의 또 다른 의미인 혼자 있는 삶을 참되게 하는 것을 이야기한다. 이렇게 하면 우리의 삶이 한결같아질 것이고 현실적으로도 성공적인 삶을 살 수 있을 것이다. 신독의 시간, 혼자 있는 시간이 우리의 미래를 만들기 때문이다.

4장

잠복위소(潛伏爲昭):
홀로 있는, 독(獨)한 시간이
당신의 미래다

무의식의 자기실현

지금까지 무형의 마음에 대해 주로 말했다. 여기에서는 물리적인 홀로 있음을 주로 이야기한다.

물리적인 홀로 있는 시간을 삼가는 것은 2가지 의미를 가진다. 첫째는 내 삶의 내외를 같게 해 한결같음이라는 코드를 심는 것, 한결같음이라는 위대한 반석을 마련하는 일이고, 둘째는 홀로 있는 시간을 잘 관리해 미래를 성공적으로 조형하는 것이다. 이 둘은 연관이 깊다.

모든 현실적 성공은 예측 가능성을 근거로 한다. 한결같음이 없는 자는 예측 가능성이 없고, 그러한 사람은 성공할 수 없으며, 설사 운 좋게 성공했다고 해도 오래 지속될 수 없다. 따라서 홀로 있음을 삼가는 것, 그로써 내 삶에 한결같은 반석을 마련하는 것은 꿈을 이루고 성공하는 기반이 된다. 여기에서는 신독의 독에 방점을 둔 홀로 있음에 대해 살펴볼 것이다.

프로이트는 우연한 실수야말로 무의식의 숨은 의도라고 했다. 프로이트의 말실수라고도 표현하는데, 심리학 용어로는 동작 착오라고 한다. 말이나 글을 실수하거나 이름을 잊거나 넘어지는 것과 같은 행동의 실수도 동작 착오다.

프로이트는 한 번은 휴가를 갔다가 집에 다시 돌아와서 일을 시작했을 때, 9월인데 노트에 10월 20일이라고 적었다고 한다. 알고 보니 10월 20일에 한 환자를 만나기로 했는데, 그 환자와 빨리 만나고 싶은 마음에서 실수를 한 것이다. 만약 누군가 아끼는 물건을 실수로 망가뜨렸다면 그것도 그 사람에 대한 불만을 무의식이 동작 착오로 표현한 것이라고 볼 수 있다. 동작 착오는 현실에서의 의지와 상반되는 무의식의 의지가 작용할 때 생기는 것인데, 무의식의 숨은 의도의 표현인 셈이다.

무의식은 없는 것이 아니다. 무의식은 우리가 모르는 방식으로 끝없이 다양한 방식으로 매일 매 순간 자신을 드러내고 있다. 일체유심조(一切唯心造)를 굳이 들먹이지 않더라도 눈에 보이지 않는 내 마음, 그것은 곧 현실이 된다는 것을 명심해야 한다.

보이지 않는 것이 현실이 된다

어느 날 정자의 문인이 정자에게 물었다.

"은밀한 것보다 더 잘 보이는 것은 없고, 미세한 것보다 더 잘 드러나는 것이 없다는 말은 무엇입니까?"라고 묻자 정자가 대답했다.
"사람은 눈과 귀로 보고 듣는 것만 보이는 것과 드러난 것이라고 믿고 이목으로 보거나 듣지 않은 것은 은미한 것이라고 생각한다. 이것은 이치가 매우 잘 드러난다는 것을 모르기 때문이다.
예를 들면 옛사람이 거문고를 연주하면서 사마귀가 매미를 잡는 것을 보았다. 이때 거문고 소리를 듣던 자가 거문고 소리에 살기가 느껴진다고 했다. 죽이려고 하는 것은 마음에 있었던 것인데, 거문고 소리만 듣고 알아냈으니 어찌 드러난 것이 아니겠는가. 사람이 선하지 못한 마음을 품으면서 스스로 사람이 알지 못할 것이라고 생각하나, 천지의 이치는 매우 현저하게 드러나니 속이는 것이 불가하다."

다시 "양진의 사지(四知, 넷이 안다)도 이와 같은 것입니까?"라고 묻자 정자가 답하기를, "역시 옳다. 그러나 타인에 대해 말하자면 내가 얻는 바와 타인이 얻는 바가 구분이 있을 것이지만, 내가 천지와 감응하는 일에 대해 말하자면 하나의 앎으로 같은 것이다."

◇◇◇◇◇◇◇◇◇◇◇◇

問莫見乎隱莫顯乎微 何也 程子曰 人只以耳目所見聞者爲顯見 所不見聞者爲隱微 然不知理却甚顯 且如昔人彈琴 見螳螂捕蟬 而聞者以爲有殺聲 殺在心 人聞其琴而知之 豈非顯乎 人有不善 自謂人不知之 然天地之理甚著 不可欺也 曰 如楊震四知 然否 曰亦是 然而若說人與我固分得若說天地 只是一箇知也

양진의 사지에 대한 이야기는 유명하다. 양진은 후한(後漢) 때 사람이다. 어느 날 자신이 천거해 관직에 오르게 된 왕밀이 황근 10근을 가져와 양진에게 선물로 주려고 했다. 양진은 낯빛이 변하면서 친구에게 말했다. "나는 자네를 아는데, 자네는 나를 모르는구나"라며 싫은 기색을 했다. 왕밀이 "지금은 어두운 밤이니 이 사실을 아는 자는 없다"고 하자 양진은 답했다. "하늘이 알고, 땅이 알고, 내가 알고, 자네가 아는데 어찌 아는 이가 없다고 말하는가?" 왕밀은 부끄러워하며 밖으로 나갔다. 사지라는 것은 여기서 유래한 말이니 하늘, 땅, 나와 너가 앎을 말한다.

거문고 이야기는 후한 때 채옹이라는 사람이 이웃 잔치에 초대받아 갔다가 겪은 일이다. 채옹이 병풍 뒤에서 연주하는 거문고 소리에 살기를 느끼고 집 밖으로 나왔을 때, 주인이 따라 나와 만류하자 솔직한 심경을 말했다. 그러자 거문고를 타는 사람이 연주 도중 사마귀가 매미 잡는 모습을 보고, 매미를 꼭 잡아야 한다는 마음을 품었다고 한다. 그 심경이 거문고 소리를 통해 전해진 것이다.

양진과 채옹의 이야기는 모두 이목으로 보이고 들리지 않는다고 해서 그것이 없거나 사라지는 것이 아니라는 것을 의미한다. 마음으로 품은 것이 현실로 드러남을 의미하니, 신명과 천리가 늘 우리 곁에 함께 있으면서 지켜보고 응답하는 것과 같은 맥락이다. 따라서 홀로를 속일 수 없다. 우리가 보이지 않는 곳, 마음에 품은 것이 도리를 통해 현실에 실현된다는 것을 알고 남들의 눈에 보이지 않는 곳에 홀로 있을 때도 삼가고, 마음을 참되게 해야 하는 것이다.

홀로 있는 시간은 신이 사역하는 시간

『대학』은 말한다.

소인은 홀로 있을 때 좋지 못한 일을 하기를 한량이 없다가, 군자를 만났을 때 짐짓 모른 체하고, 나쁜 일은 숨기고, 좋은 모습만 밖으로 드러낸다. 하지만 사람들은 그의 간과 폐를 들여다보듯 속을 훤히 들여다보고 있으니 무슨 이익이 있겠는가?
이것을 일컬어 성실함이 내 안에 있으면, 외면의 형상으로 드러난다고 하는 것이다.

따라서 군자는 반드시 그 홀로 있음을 참되게 한다.

◇◇◇◇◇◇◇◇◇◇◇◇◇◇

小人閒居 爲不善 無所不至 見君子而后 厭然揜其不善 而著其善 人之視
己 如見其肺肝 然則何益矣 此謂 誠於中 形於外 故 君子必愼其獨也

내 안에 나쁜 것이 있으면 남들이 오장육부 들여다보듯 속을 훤히
볼 수 있고, 성실함이 내 중심에 있으면 그것 또한 반드시 언젠가는
외면의 형상으로 드러난다. 이것이 성어중 형어외(誠於中 形於外)다.

성어중 형어외, 성이 외면의 형상으로 드러난다는 것은 좀 더 깊이
있게 해석할 수 있다. 결국은 내 속에 있는 것이 외부를 조형한다. 설
계사가 설계도를 마음에 품은 것처럼, 내 마음에 지은 것이 외부의 물
건을 만들고, 대인 관계를 만들고 나를 둘러싼 외부의 환경을 만들어
낸다.

내가 내 안에서 성실하게 지은 것, 성이 외부의 형상을 만들어낸다.
그래서 뜻을 성실하게 해야 한다.

이것은 『중용』의 성자 물지시종(誠者 物之終始) 즉, 성은 만물의 처음
과 끝이라는 말과도 통한다.

『대학』「성의장」에서 언급하는 신독과 연결해 살펴보자.

"증자는 10개의 눈이 바라보고, 10개의 손이 가리키는 것과 같으니
그 엄중함이 어떠한가라고 했다.(曾子曰 十目所視 十手所指 其嚴乎)"

혼자 있을 때도 10개의 눈이 손으로 가리키면서 쳐다보고 있다는
것이니 이것은 숨기려고 하는 것이 숨길 수 없다는 것이며, 만약 옳지
못한 일을 한다면 그 결과를 엄중하게 받아들여야 한다는 것이다.

『대학』은 홀로 있을 때 악행을 범하거나 바르지 못한 일을 하지 않고, 덕성스럽게 행하면 몸과 마음이 모두 편해진다고 이야기한다.

"부유함은 집을 윤택하게 하고, 덕은 사람의 몸을 윤택하게 하니 마음이 광활하면 몸도 편안하다. 이것이 군자가 반드시 뜻을 성실히 해야 하는 까닭이다.(富潤屋 德潤身 心廣體胖 故君子必誠其意)"

신독해야 하는 이유에 대해 『중용』 역시 『대학』의 증자와 같은 논조로 명확하게 말한다. "은미하게 숨어 있는 것만큼 잘 보이는 것은 없고, 미세한 것만큼 잘 드러나는 것은 없다. 따라서 군자는 홀로 있을 때를 삼간다.(莫見乎隱 幕顯乎微 故君子 愼其獨也)"

여기서 숨어 있는 것은 독이니 홀로 있는 시간 혹은 마음이며, 미세한 것이 도다. 이 미세한 것은 형상으로 존재하는 것이 아니라 추상적인 도리로, 심중에 있어 미세한 것이다. 추상적인 것을 형상으로 표현할 때 좁쌀처럼 미세하다고 표현을 하는 경우가 많다. 즉 숨겨진 마음만큼 잘 보이는 것이 없고, 보이지 않는 도리만큼 잘 드러나는 것은 없다는 말이다.

사서(四書)가 말하는 유학의 도는 이런 것이다. 성어중 형어외이니 심중에 있는 것은 형상으로 드러나고, 숨겨진 도리는 반드시 실현된다. 즉 신이 먼저 사역하고, 물리적 현실 세계가 그것을 받아 옮긴다.

배는 어디로 흘러가는가?

눈에 보이지 않게 한 나쁜 짓은 미래의 형벌이 되고, 눈에 보이지 않게 쌓은 정성은 미래의 성공이 된다.

"중요한 것은 눈에 보이지 않는다"는 말이 있다. 우리는 눈앞에 보이는 것에만 연연하지 말고 마음의 눈으로 그 안을 들여다볼 수 있어야 한다. 안에 있는 것이 우리의 미래이기 때문이다.

『중용』은 말한다.

『시경』에 비단옷을 입고, 홑옷을 걸쳤네라고 했다. 그것은 그 문채(文彩, 아름답게 빛나는 광채)가 드러남을 싫어하기 때문이다.

따라서 군자의 도는 암연(闇然, 어렴풋함)하지만 드러나고, 소인의 도는 잘 보이지만 사라지는 것이다.

군자의 도는 담박하지만 싫증나지 않고, 간단하지만 문채가 있다.

온화하지만 이치가 있고, 먼 것이 가까운 곳에서 시작됨을 알고, 바람이 비롯되는 곳을 알고, 미세한 것이 드러남을 안다. 그래서 함께 덕에 들어갈 수 있는 것이다.

◇◇◇◇◇◇◇◇◇◇◇◇

詩曰 衣錦尙絅 惡其文之著也 故君子之道 闇然而日章 小人之道 的然而日亡 君子之道 淡而不厭 簡而文 溫而理 知遠之近 知風之自 知微之顯 可與入德矣

소인의 도는 겉으로 화려하게 장식하지만 곧 사라져버릴 것이라는 것을 안다. 떠들썩하게 자신을 포장하지만 그것이 허구라는 것을 안다. 빈 수레가 요란한 것이다.

군자의 덕이 단순한 듯하면서도 오래볼수록 아름다움이 드러나는 것은 화려한 비단옷을 한 꺼풀 가려놓은 것과 같기 때문이다. 오랫동안 은은한 아름다움을 감상할 수 있으며, 질리지 않는 매력이 있다.

군자의 도는 차와 같아서 처음에는 담박한 듯해도 오래갈수록 진가가 드러나고 누구나 즐길 수 있다.

우리는 살아가면서 보이지 않는 곳에 숨어 있는 가치를 발견하는 것이 중요하다.

이면의 가치를 발견할 안목이 없는 사람은 눈에 보이는 것에만 현혹되어 속임을 당하거나 실패하기 쉽다. 반면 통찰력이 있는 사람은 보이지 않는 곳에서 벌어지는 변화를 읽을 줄 알고, 사물이나 사람에게서 숨겨진 유용성, 장래성 같은 원석을 볼 수 있는 눈이 있다.

보이지 않는 곳에서 가치를 만들어내는 것이 중요하다. 이유는 그것이 우리의 미래이기 때문이다. 지금 현실화된 것을 즐기는 것도 좋다. 하지만 앞으로 다가올 것을 발견하는 일도 중요하다. 현실의 곳곳에 힌트가 숨겨져 있다. 일이 끝난 시간에 무엇을 하는지, 무엇에 관심을 쏟는지, 어떤 단어를 언급하는지, 어떤 사람을 만나는지 등에 사람의 미래가 숨겨져 있다.

먼 것이 가까운 곳에서 시작되는 것을 알고, 바람이 비롯되는 곳을 안다고 했다. 이것은 비록 지금은 멀리 보이지만 그것이 곧 현실이 된다는 것을 알고, 사건이 발생하는 바람의 출발점을 살펴 숨어 있던 것이 곧 드러남을 안다는 것이다.

이 바람의 출발점이 바로 홀로 있는 자리를 말한다.

홀로 있는 자리를 살펴보면 바람이 어디로 불어갈지, 그 바람에 따라 나라는 배가 어디로 흘러갈지를 알 수 있다.

숨겨진 시간이 미래다

『중용』은 『시경』을 인용해 말했다.

『시경』은 말하기를 비록 물속에 잠겨 엎드려 있어도 밝게 드러나는 구나라고 했다. 따라서 군자는 안으로 자신을 성찰해 마음이 괴롭지 않고, 그 뜻에 악함이 없다. 군자에 이르지 못했다면, 오직 남들에게 보이지 않는 곳에 원인이 있지 않겠는가?
『시경』은 말하기를 너의 집을 들여다볼 때, 옥루에 있어도 부끄러움 이 없어야 한다. 따라서 군자는 움직이지 않을 때도 경건하게 삼가고, 말하지 않아도 믿음을 지킨다.

◇◇◇◇◇◇◇◇◇◇◇◇

詩云 潛雖伏矣 亦孔之昭 故君子內省不疚 無惡於志 君子之所不可及者 其唯人之所不見乎. 詩云 相在爾室 尙不愧于屋漏 故君子 不動而敬 不言 而信

옥루(屋漏)는 서북쪽 귀퉁이 으슥한 곳을 말하고, 움직인다는 것은 집 밖으로 다닐 때를 말하다.
군자가 부동이경, 불언이신(不動而敬 不言而信, 움직이지 않아도 경건하게 삼 가고, 말하지 않아도 믿음을 지킴)하는 이유는, 잠복되어 있던 현재가 이내 밝은 미래가 될 것임을 알기 때문이다. 축약하면 잠복위소(潛伏爲昭)이 니, 잠복되어 있는 것이 밝아지는 것이다.
안을 다듬고, 안을 다듬어야 한다. 홀로 있을 때를 다듬고, 마음을 건강하게 해야 한다. 그렇게 신독하는 사람은 지금은 투박하게 보여도 마음의 눈으로 보면 아름답게 빛나는 비단옷과 같으니 와룡(臥龍)은 물속에 숨겨져 있어도 언젠가 날아오를 것이다.

같은 맥락에서 마음을 건강하게 할 수 없다면, 결국 아무것도 얻지 못할 것이다. 인도의 영적인 지도자 바바 하리 다스는 우리에게 이런 우화를 들려주었다.

한 수행자가 동굴에서 수행을 했다.

수행자는 세상살이에 지쳐서 동굴 속으로 들어왔지만 욕망이 끓어오르는 것을 멈출 수 없었다. 신처럼 전능하게 되기를 바랐다.

오랫동안 수행을 한 끝에 신이 나타나 물었다.

"네가 원하는 것은 무엇이냐?"

동굴 속 수행자는 신이 나서 말했다.

"제가 바라고 생각하는 모든 것이 현실이 되기를 바랍니다."

"알았다. 그렇다면 이제부터 너는 네가 원하는 대로 될 것이다."

수행자는 기쁨을 감추지 못하고 소리를 질렀다.

신은 약속을 지켰고 그때부터 놀라운 일이 벌어졌다.

맛있는 음식을 생각하는 순간 눈앞에 진수성찬이 차려졌고, 아름다운 여자를 생각하자 곧 미녀를 얻을 수 있었다.

쾌락에 빠진 날들을 보내던 수행자는 갑자기 의심이 들었다.

이러다 갑자가 동굴이 무너지는 것은 아니겠지?

그러자 갑자기 천둥 치는 듯한 소리가 들리더니 동굴이 무너져 내렸고, 바위에 깔려 죽었다.

이 이야기는 바바 하리 다스의 『지혜의 칠판』에 나오는 이야기를 각색한 것이다. 동굴처럼 숨겨진 곳에 있던 것이 언젠가는 밝게 현실로 드러나게 되고, 우리의 숨겨진 노력은 언젠가 이뤄지고, 우리의 마음속에 내재해 있던 것이 조금씩 형상을 갖추기 시작해 결국 현실로, 실물로, 실제 사건으로 전화(轉化)하게 된다.

꿈을 이루는 방법

이번 주제가 주제이니만큼 홀로 있는 시간을 활용해 목표를 달성하는 구체적 방법들을 생각해보자. 현대 뇌 과학의 성과들을 바탕으로 마음을 다루는 여러 방법을 생각해보자. 새로운 사람으로 거듭나려면 새로운 습관을 만들어야 한다. 그 습관 형성을 위해 꾸준함을 유지해야 하는 데 그 비결은 뭘까?

예를 들면 이런 것이다. 학창 시절 꾸준히 좋은 성적을 내는 방법에 대해 전교에서 손꼽히는 우등생에게 물어본다. 친구는 명문대 출신인 사촌형에게서 배운 방법이라며 알려준다. 학습 단계를 잘게 나누고 각 단계의 목표를 낮추라는 것이다. 고등학교 1학년 때 아이들 대부분은 SKY가 최종 목표고, 시험 칠 때마다 성적을 급격하게 올리는 것을 목표로 삼았다. 물론 그런 목표가 있더라도 당장의 목표는 낮게 잡는 것이 좋다. 그래야만 꾸준히 할 수 있다.

평소에 실력을 잘 쌓는 방법도 뇌를 잘 이용해야 한다. 우리는 흔히 큰 목표를 세운다. 120%를 달성하려고 한다. 자라면서 "큰 목표를 세워야 그 반이라도 가지"라는 말을 많이 들었다. 하지만 세상이 달라졌다. 그것은 산업화 시대의 방식이다. 이제는 위험을 감수하는 시대가 아니라 위험을 관리해야 하는 시대다. 위험을 감수했기 때문에 소수만 온전히 살아남고 나머지는 다치거나 병들고 혹은 정신 질환까지 앓게 되었다. 그게 바로 산업화의 부작용이다.

사람의 두뇌는 과도한 목표에 대해 좋은 반응을 하도록 생겨먹지를 않았다. 작은 성취를 이어가는 것이 우리 두뇌에 가장 적합한 방식이다. 작은 목표를 달성하고 작은 보람의 징검다리를 밟아야 큰 성취도 이룰 수 있다.

이것은 나쁜 습관을 바꾸거나 새로운 습관을 형성할 때 유효한 방법이며, 공부를 시작할 때도 마찬가지다.

미루는 습관을 가진 사람은, 어떤 일을 시작하는 것 자체가 어려워 괴로움을 겪는 사람이 많다. 일을 시작한다는 것은 낯선 변화에 뇌가 적응해야 하는 일이다. 뇌는 변화를 힘겨워한다. 뇌는 관성에 따라서 하던 일을 계속하려는 습성이 있기 때문이다.

의대 교수가 강의를 하다가 갑자기 수술을 하려면 어렵게 느껴진다. 하나는 이성적인 이론이 필요한 일이고, 하나는 기술적인 감이 필요한 일이어서 그렇다. 머리 구조를 바꿔야 하는데 쉽지 않다. 한 번 시작하면 새로운 것에 익숙해지는 것은 금방인데 전환하는 순간이 어려운 것이다.

거기다가 새로운 일이 무엇인가 안 좋은 기억과 하나의 맥락으로 연결되면 그 일을 시작하기는 더욱 어렵다. 만약 수학 공부를 해야 하는데 수학 시험을 못 봐서 망신을 당하거나 혼난 기억이 있다면, 수학은 망신과 하나의 맥락으로 연결되어 있다. 그러면 뇌는 수학을 곧 망신이라고 생각한다. 망신을 시작하기는 어려운 것이다. 그 연결성을 바꿔줘야 하는 것이다.

과도한 목표라면 더욱 시작하기 힘들다. 한없이 미루게 된다. 인간의 뇌 중 편도체는 위험한 것을 분석해 두려움을 만들어내는 부위다. 감정을 풍성하게 하는 작용도 한다. 편도체는 과도한 업무량, 무조건 해야만 하는 일을 공포로 인식해서 도망치라고 명령한다.

해야 할 일과 직면하는 것이 어려운 것은 이런 이유들 탓이다. 본능적 반응인 것이다. 그래서 새롭게 익혀야 할 일에 직면하느니 죽음을 택하는 것, 변화를 직면하느니 죽음을 택하기까지 한다. 이 모든 것이 뇌가 우리를 속이는 일일 뿐 우리 자신의 잘못이 아닌데, 우리는 뇌와 마음을 다룰 줄 몰라서 실패하게 된다.

심리학 개념에 습관화라는 것이 있다. 실험을 통해 밝혀진 바에 의하면, 좋은 자극이든 나쁜 자극이든 시간이 갈수록 인간의 반응이 무뎌지는데 그것을 습관화라고 한다. 따라서 하기 싫은 일이 있다고 해도 처음에 시작이 어려울 뿐 하다 보면 그런 대로 할 만해진다. 즐거운 일도 마찬가지다. 우리 속담에 좋은 가락도 삼 세 번이지라는 말도 있다. 좋은 노래도 자꾸 들으면 별로라는 것이다. 그래서 습관화를 잘 이용해야 한다.

편도체의 속성을 이용해 시작하는 문턱을 낮추고 일단 시작해야 한다. 문턱을 낮춘다는 것은 목표의 높이 측면이나 시간의 길이 측면 모두에 적용된다. 운동이든 공부든 미뤘던 집안일이든 처음에 간단한 것만 하고 쉬자고 생각한 다음 시작한다. 그렇게 시작하다 보면 예상

외로 길게 일을 할 수도 있다.

처음 생각했던 것처럼 간단한 것만 하거나 짧게 하더라도 자신을 칭찬하고 약간의 보상을 연결시켜두는 것이 좋다. 그렇게 되면 그 일이 좋은 맥락으로 연결되므로 다음에도 그 일을 시작하기 쉬워진다.

즐거운 일도 습관화를 이용할 수 있다. 시간이 지나면 즐거움의 강도가 약해지므로, 단시간으로 나눠서 하는 것이다. 4시간 할 것이 있으면 2시간씩 나눠서 2번 혹은 1시간씩 나눠서 4번 하는 것이 즐거움이 더 크다는 것이다. 이것이 훈련이 되면 시간 관리도 도움을 받을 수 있다. 일을 하는 것은 긴 시간을 확보하고, 휴식이나 즐거운 일은 짧게 나눠서 여러 곳에 일에 대한 보상으로 배치를 하는 것이다.

이 방법을 참고해 독(獨)한 시간을 독(毒)하게 보내지 말고, 잘 관리하라. 현대는 위기를 감수하는 시대가 아니라 위기를 관리하는 시대다. 요즘 유행하는 작고 확실한 행복을 일상에 잘 연결하면서 조금씩이라도 꾸준히 나아가라.

새벽에 홀로 있는 시간

미래를 알고 싶은가? 내가 혼자 있는 시간에 무엇을 하고 있는지부터 살펴라. 나의 흉중(胸中)에 있는 것이 무엇인가를 살펴라. 우리에게 현실이 될 미래를 위해 가장 긴요하고 우선적인 것은 혼자 있는 시간, 숨겨진 곳의 시간, 우리의 숨겨진 마음을 건강하게 잘 다듬는 것이 중요하다. 신독, 물리적인 홀로 있는 시간을 어떻게 보내느냐가 나의 오늘과 나의 미래를 결정한다는 것을 안다면 그 시간을 허망하게 날리지 않을 것이다.

함부로 하루를 맞이하지 말라. 하루를 시작하기 전 30분, 아니 10분이라도 절대적 만남의 시간을 가져야 한다. 그 시간이 관계로 쌓인 쓰레기를 청소하는 시간이기 때문이다. 나와 남을 깨끗이 용서해야 한다. 자책하고 원망하는 마음을 용광로에 떨어지는 눈처럼 신의 영역으로 넘겨서 녹여야 한다. 나의 존재를 절대적으로 긍정하고, 지난 과거를 비우고, 새로운 기운으로 채워야 한다.

그것이 주문을 통해서든 경전 읽는 것을 통해서든 그림을 그리든 명상을 하든 운동을 하든 기도를 하든 어떤 방식이든 좋다. 이러한 절대적인 만남을 내 하루의 시스템으로, 루틴으로 고정시키지 않으면 내 마음의 방은 터지고 말 것이다. 그 방에서는 온갖 악취가 흘러나와 나를 중독으로 몰아넣을 것이다. 머리와 사지가 마비가 되고 결국은 쓰러지고 말 것이다.

하루를 시작하기 전 새벽 시간, 혹은 하루를 마감하는 저녁 시간에 절대적 만남, 신독의 시간을 가져야 한다. 마음은 무엇인가를 쌓는 창고가 아니라, 모든 것이 통과할 수 있는 큰 문이어야 한다. 매일 깨끗이 청소하고 비워라. 그래야 오늘 하루 내 마음이 제대로 기능할 수 있다. 그것이 늘 깨어 있는 것이다.

홀로 있는 시간이 미래가 된다는 것을 안다면, 홀로 있는 시간에 급하지 않지만 중요한 일을 조금씩 하라. 물론 이 시간은 필요한 휴식을 충분히 하고 남은 시간을 말한다.

우리에게는 4종류의 일이 있다. 급하고 중요하지 않은 일, 급하고 중요한 일, 급하지 않고 중요하지 않은 일, 급하지 않고 중요한 일이다. 우리는 대부분 앞의 2가지 일만 하고 마지막 일은 하지 않는다. 우리의 미래를 바꾸는 것은 네 번째, 급하지 않지만 중요한 일을 꾸준히 하는 것이다.

마냥 쉬고 싶고 시작하기 힘들다는 것을 잘 안다. 혹은 절망했기에 다시 그 길을 걷는 것이 두려울 수 있다. 하지만 그래도 계속 가야 한다. 앞의 꿈을 이루는 방법을 참고해 조금씩이라도 가라. 맹자가 말했듯 처음에는 잡목이 우거진 덤불숲도 계속 걸으면 길이 난다.

미래의 불안에서 벗어나는 가장 좋은 방법은 무엇이라도 하는 것이다. 에릭 메이젤이라는 작가 겸 심리 치료사는 작가가 가장 고통스러울 때는 잘 못 쓰고 있을 때가 아니라 아무것도 안 쓰고 있을 때라고 했다. 잘 못하고 어리석게 하고, 실수하고, 유치해도 좋으니 그냥 하라.

혼자 있을 때 무엇을 하는가? 그것이 미래의 나를 말한다. 미래의 내가 소설가라면 한 줄이라도 소설을 쓰고 있을 것이고, 내가 화가라면 한 장이라도 그리고 있을 것이고, 내가 강사라면 강연 준비를 하고 있을 것이고, 내가 운동선수라면 운동에 대해 생각하거나 훈련이라도 하고 있을 것이고, 괜찮은 사업가라면 경제 신문을 읽거나 유력한 아이템에 대해 연구하고 공부하고 있을 것이다.

내가 소설을 쓰고 싶어 했던 술꾼이라면 술만 마시고 있을 것이고, 운동을 잘하고 싶었던 TV 마니아라면 TV만 보고 있을 것이다.

불안해하거나 생각만 하지 말고 단 한 걸음이라도 좋으니 뭐라도 해라. 그리고 한결같이 하라. 혼자 있는 시간이 당신의 미래다.

5장

지기소지(知其所止):
지금 가던 길을 멈춰라

선후를 알아야 한다

멈춘다는 것은 2가지 의미가 있다. 하나는 지금 관성적으로 해오던 것을 멈추는 것이다. 다른 하나는 어디에 멈출지를 알고 나아간다는 것이다.

신독의 삼간다는 것은 지금 내가 하고 습관적으로 하고 있는 일을 멈춘다는 것이다. 푹 빠져서 생각 없이 해오던 일을 멈춘다는 것이다. 관성적으로 해오던 것들을 점검하고 문제가 있다고 여겨지면 멈추는 것이다. 그리고 내게 필요한 일이라고 해도 적절한 휴식을 위해서나 여러 이유에서 잠시 쉬어가고 점검하기 위해 멈추는 것이다. 이것은 늘 깨어 있다는 것이다.

멈춘다는 것은 2가지 의미로 생각해볼 수 있다. 하나는 올바른 도리에 멈춘다는 뜻이고, 또 하나는 늘 깨어 있어서 지금 하던 잘못된 것을 멈춘다는 뜻이다. 신독의 삼간다는 의미는 마음이 자기 마음대로 뻗어 나가는 것을 멈추는 것이니 후자에 더 가까울 수 있다.

멈출 바를 안다는 것, 지금 가던 길을 멈추는 것부터 알아보자.

우리가 지금 하던 것을 일단 멈춰야 하는 것은 삶의 우선순위를 명확히 하기 위해서다.

삶을 살아갈 때는 항상 우선순위를 잘 정하는 것이 중요하다. 내 마음을 도둑에게 넘기지 않고, 내 마음의 주인이 되는 것을 먼저 구해야 한다. 주인이 깨어 있어서 도리를 바탕으로 한 도심이 먼저 나오면 마음은 충실한 신하가 되고, 주인이 잠들어 있어서 인욕(人慾)을 바탕으로 한 인심이 먼저 나오면 마음은 도둑이 된다.

심리학에는 점화 효과라는 말이 있다. 간단히 말하면 무엇이든 처음이 중요하다는 것이다.

나중에 발견하게 되는 것들을 처음에 본 것과 비슷한 맥락으로 보려는 경향이 있다는 것이다. 이것은 뇌가 도식적으로 사고하는 것을 이용하는 것이다. 아침에 신문 운세를 보았는데 내용이 좋으면 뭔가 좋은 일이 일어날 것 같다고 생각한다. 그래서 별거 아닌 것도 이게 그 좋은 일인가라고 생각할 수 있는 것이다.

어떤 지역에 가서 맛있는 음식을 먹고 돌아오면 그 지역은 음식을 잘 한다고 생각하고, 다음에 다른 식당을 가도 이 지역 음식은 맛있다고 생각한다는 것이다. 인간의 뇌는 처음에 연결된 도식으로 사고하는 경향이 있다. 그것이 편리하고 어떤 상황을 맞이했을 때 빨리 대처할 수 있기 때문이다.

이 점화 효과는 사업을 하거나 사람을 만날 때 처음에 어떤 인상을 주느냐가 매우 중요하다는 것을 말해준다. 처음 약속을 어기면 신뢰하기 어려운 사람이라는 인상을 남겨 나중에도 회복하기 어렵고, 처음에 좋은 인상을 주면 그 사람은 좋은 사람이라는 도식으로 생각하는 경향이 있기 때문이다.

점화 효과는 단기적으로 사람에게 매력을 끌려고 하는 사람에게는 유효한 전략이다. 장기전으로 승부하겠다는 사람에게는 불필요할 수 있겠지만 그렇더라도 기억 속에 각인되는 첫인상이 나쁘게 보여서 좋을 것은 없다.

우리가 전반적으로 삶을 영위하는 데도 선후가 중요하다. 옷의 첫 단추를 잘 꿰는 것처럼 선후를 분명히 따져서 먼저 할 것을 먼저 하면 성공적인 인생을 살아갈 수 있다.

『중용』은 말한다.

"만물에는 본말이 있고, 일에는 종시가 있으니 선후를 아는 바가 있다면 도에 가까워질 것이다.(物有本末 事有終始 知所先後 則近道矣)"

만물에는 근본과 말단이 있고, 일에는 시작과 끝이 있으니 근본과 시작이라는 선과, 말단과 끝이라는 후를 안다면 도에 가깝다는 말이다.

또『중용』은 말한다.

"천자에서 뭇사람까지 하나같이 수신을 근본으로 삼는다.(自天子以至於庶人 壹是皆以修身爲本)"

가장 우선이 되는 것이 수신이라는 말이다.

한편으로는 일의 선후 자체가 이미 가장 큰 도다. 이것은『성경』의 진리가 너희를 자유케 하리라는 말을 떠올리게 한다. 무엇이 선이고 무엇이 후인가? 이것을 알면 도에 가까워질 것이라고 했다. 수신(修身)이 먼저고 치국평천하(治國平天下) 즉, 치인(治人)은 나중이다. 세상에 나아가기 전에 먼저 자신을 닦아야 한다.

도심(道心)이 먼저고 인심(人心)이 나중이다. 주인공의 마음이 먼저 나온 후에 부하의 마음인 사단칠정(四端七情)이 나와야 한다. 그래야 여타 칠정(七情, 7가지 감정)도 사단(四端, 본성에서 우러나온 바른 마음)처럼 올바른 자리를 얻는 것이다.

칠정은 희로애락애오욕(喜怒哀樂愛惡欲) 혹은 희로애구애오욕(喜怒哀懼愛惡欲)이다. 물론 이것이 모든 감정을 다 표현할 수는 없다. 하나의 예시일 뿐이다. 도심을 먼저 통과한 자는 즐거움도, 분노함도, 슬픔도, 쾌락도 마땅한 바를 얻는다.

「요한복음」 8장에 진리가 선이고 자유가 후라는 것을 예수님께서 분명히 못 박았는데도 우리는 아직도 모르거나 의심하고 있다. 먼저 진리를 구하면, 자유는 자연스럽게 따라오는 것이라고 했다.

도심을 얻으면 인심은 자유롭게 발휘할 수 있다. 인심이 모두 도리에 맞으므로 언제나 자유롭다. 도심을 통과하지 않은 인심은 도리에 맞지 않으므로 사사건건 부딪치고 괴로움을 수반한다. 고통스러운 자는 그 고통만 눈앞에 절벽처럼 보인다. 그래서는 자유로울 수 없다. 세상과 다투지 않고 조화하는 사람만이 천지(天地)가, 진리(眞理)가 그물처럼 얽어놓은 수많은 길 안에서 자신이 가고 싶은 길을 선택해 자신만의 배열과 조합을 만들어 나아가면서 자유로운 것이다. 진리를 벗어나, 길이 아닌 곳을 가려는 자는 철로를 벗어난 열차처럼 궤도를 이탈하는 고통을 겪으니 그것은 자유가 아니다.

근본과 말단을 알아야 한다

같은 맥락에서 근본이 무엇이고 말단이 무엇인지를 알아야 한다. 심리학에 유사성과 상보성이라는 개념이 있다. 여러 실험 결과에 의하면, 서로 유사성이 많은 부부가 오랫동안 행복하게 산다고 한다. 어떤 실험에서 실험 참가자들에게 사람 얼굴이 그려진 사진을 보고 가장 매력적인 얼굴을 찾게 하니 모든 참가자가 무의식적으로 자신과 닮은 사람을 골랐다는 조사도 있다. 성격부터 외모까지 자신을 닮은 사람을 좋아하는 것을 유사성의 원리라고 한다. 사람은 친숙한 것을 좋아한다. 매일 거울을 통해서 자기 얼굴을 보니 자신과 닮은 사람을 좋아하는 것이다.

그러나 세간에는 서로 다른 점이 많아야 호감을 느낀다는 말도 있다. 이것을 일전에 심리학 박사에게 물었더니 이런 답이 돌아왔다. 정확히는 상보성의 원리보다 유사성의 원리가 더 앞서서 작동한다는 것이다. 사람은 유사성의 원리로 편안함을 느끼고 나서야 보완할 것을 찾는다.

기본적으로 인간의 본능에는 피아의 원리가 작동한다. 나와 다른 것에 경계심을 느끼는 것이다. 우리는 편안함과 안정이 충족된 후 변화와 창조를 향해 나선다. 그 새로운 것은 또 나와 닮아갈 것이고 편안해질 것이다. 그러면 또 우리는 새로운 길을 떠난다. 유사성이 늘 근본이 되는 것이다. 유사성과 상보성에서도 알 수 있듯 세상만사가 근본과 말단을 잘 알아야 조화롭게 살아갈 수 있다.

> 근본이 혼란스러운데 말단이 다스려지는 바가 없으니, 두터워야 할 자가 박한데, 박한 자가 두터워질 수 없는 것이다.
>
> ◇◇◇◇◇◇◇◇◇◇◇◇
>
> 其本亂而末治者否矣 其所厚者薄 而其所薄者厚 未之有也

이것은 역시 선후와 같은 맥락이다. 후박(두터움과 얇음)이 추가되었는데,『중용』과 함께 해석하면 더 풍부한 맛을 느낄 수 있다.

"후박은 땅에 배합되고, 고명은 하늘에 배합되어 유구해 끝이 없다.(博厚配地 高明配天 悠久無疆)"

여기서 박은 넓을 박(博)이다. 하늘인 천은 높고 밝으며, 땅인 지는 넓고 두터운데, 아득히 오래전부터 아득한 미래에까지 이어지며 영원하다는 것이다.

"천지의 도는 박, 후, 고, 명, 유, 구다.(天地之道 博也厚也高也明也悠也久也)"

천지의 도는 넓고, 두텁고, 높고, 밝고, 아득히 오래다라는 말이다.

『중용』이 말하는 천지의 도는 바로 지성(至誠)이다. 지성은 스스로 이뤄지는 독립적인 도로, 만물의 시작과 끝이며, 이 성(誠)을 얻은 자가 귀하게 된다고 했다.

수신이 혼란스러운데 치인이 제대로 될 리가 없다. 지성이 두텁지 않은데, 달도(達道)가 만사에 두텁게 퍼질 리가 없다. 중(中)이 되지 않았는데 화(化)가 될 리 없는 것이다.

1장에서도 말했지만 성은 주된 의미가 정성이지만, 경(敬)과 신(愼) 같이 삼가다, 공경하다, 순수한 마음이라는 의미를 갖고 있다.

신은 지금 하던 대로 하던 것을 삼가고, 즉 세상을 살면서 두텁게 쌓인 찌꺼기로 오염된 내 마음의 얼룩을 걷어내고, 순수한 마음으로 돌아가자는 것이다. 그것은 정성스러움을 통해 본성으로 돌아가자는 것이다.

신독은 일단 지금 무작정 달리기만 하던 것을 잠시 멈추고 진지하게 사유하라고 말한다. 내 삶의 선후와 본말을 분명히 알아야 평안한 삶을 살 수 있기 때문이다. 수신의 핵심이자 지성의 출발점은 신독이라고 했다. 신독으로 정성스럽게 되는 것이 우선이다. 신독으로 도심을 먼저 찾아서 내 마음의 주인이 되는 것이 우선이다.

침묵의 시간이 필요하다

우리에게는 가던 길을 멈추고 침묵하는 시간이 필요하다.

우리는 너무 시끄러운 세계에서 살고 있다. TV가 스마트폰이 학교와 직장이 공공장소가 우리를 한시도 조용한 곳에 가만히 있게 만들지 않는다. 하버드대학을 졸업한 유명한 사상가 헨리 데이비드 소로우는 시끄러운 현대 사회를 잠시 떠나 숲으로 들어가 1845년 7월부터 1847년 9월까지, 2년 2개월간 조용히 사색하는 삶을 보냈고 이 시기에 개인적인 철학을 정립했다. 그 시기의 삶을 정리한 에세이 『월든』은 지금까지 많은 대중의 사랑을 받는 고전이 되었다.

우리는 자연과 멀어지고 침묵과 멀어졌다. 지금 우리 주변을 가득 채운 것은 기계와 콘크리트와 미세 먼지와 소음이다. 우리는 점점 침묵 속에 있는 법을 잃게 되었다. 우리는 알고 있다. 혼자 있는 시간을 어떻게 보내느냐가 그 사람이 성인이 되었는지 아닌지를 알게 하는 척도라는 것을. 그것은 자신의 삶을 스스로 책임져 나갈 수 있느냐 없느냐를 말하는 것이다.

『팡세』로 유명한 17세기 프랑스의 철학자 파스칼은 말했다.

"인간의 모든 불행은 방 안에 홀로 조용히 앉아 있을 수 없는 것에서 시작되었다."

비약적이라고 할 수 있겠지만 이 이야기를 잘 씹어보면 깊은 맛을 느낄 수 있다.

혼자 조용히 앉아 있지 못하는 것은 자극의 대상을 끝없이 찾는다는 것이고, 그것은 지속적으로 특정한 욕망의 대상을 헤맨다는 것이다. 이것이 인간을 구걸하는 노예처럼 불행하게 한다. 혼자 가만히 있는 것은 돈이 들지도 않고, 누군가를 위해 복무하는 것도 아니고, 내 욕망을 위해 분주한 것도 아니다.

홀로 가만히 조용히 앉아 있을 수 있다는 것, 그것으로도 평안과 자족감을 느낄 수 있다는 것은, 자극들의 세계, 소음의 세계에 젖어 있는 우리들에게는 심지어 도를 깨친 도인들이 터득한 대단한 삶의 기술처럼 느껴진다. 하지만 그것은 어쩌면 익혀야 할 그 무엇이 아니라 그저 되찾아야 할, 우리가 어느새 잃어버린 삶의 본질이다.

기원전 6세기의 위대한 수학자이자 철학자, 피타고라스는 말했다. "침묵하는 법을 배워라. 너의 고요한 마음에 들리는 것을 그 자체로 흡수하도록 하라." 피타고라스는 무리수를 발견하는 등 획기적인 수학적 발전을 이루고 신비주의적인 철학자로 당대에는 신격화되기도 했던 인물이다. 피타고라스가 남다른 창의성과 천재적인 발상을 하고, 오랫동안 가치 있는 연구에 몰두할 수 있었던 것은 홀로 침묵하는 시간의 가치를 잘 알고 있은 덕분이다.

혼자 고요히 앉아 들리는 것을 흡수한다는 것을 나는 이렇게 해석한다. 들린다는 것이 비단 소리뿐 아니라, 마음의 시끄러운 생각들까지 그것이 움직이는 대로 지켜본다는 것이다. 이것은 불교나 도교, 요가 등에서 이야기하는 명상의 방식과 정확하게 일치하는 것이다. 홀로 침묵하며 내 안으로 고요히 들어가는 시간, 이것이 우리를 행복과 더불어 지혜롭게 만든다는 사실을 알아야 한다. 이제 우리는 그만 말하고, 그만 관계하고 멈춰서 혼자 진정한 사유를 할 시간이 필요하다.

신독은 마음이 싹트는 것을 살핀다

멈추는 것의 실천적인 방향을 생각해보자. 멈춘 이후 다음으로 해야 할 것은 무엇인가? 마음의 맹아를 살피는 것이 중요하다.

주자학의 원천이 된 선생들 중, 정자와 동시대를 살았던 도향거사(道鄕居士)로 불리던 추호(鄒浩, 1060~1111)가 있었다. 북송 상주 진릉 사람으로 자는 지완(志完)이다.

도향거사는 신독에 대해 말했다.

> 신독은 도에 들어가는 최고의 요체(要諦)다.
> 소위 독(獨)은 혼자 조용한 곳에 거처하는 것만을 말하는 것이 아니라, 마음의 맹아(萌芽)가 싹트는 것이 독이다.
> 따라서 이 지점에서 능히 힘을 쓸 수 있다면, 만사에 과오를 저지를 이유가 사라진다. 그렇기에 『중용』은 이 신독을 머리글로 삼은 것이다.

◇◇◇◇◇◇◇◇◇◇◇◇◇

愼獨最爲入道之要 所謂獨者 非獨閒居靜處而已 萌於心之謂獨 能於此著力 無由有過擧 故中庸以此言爲篇首

도향거사 추호의 신독에 관한 말은 곱씹어볼 만하다.

독이 비단 물리적 육체가 남모르는 조용한 곳에 처한 것만이 아니라 눈에 보이지 않는 마음이 싹트는 곳을 독이라고 했다. 이 지점은 바로 성리학에서 말하는 미발(未發)과 이발(已發)의 경계다. 어떤 일이나 마음이 아직 일어나지 않은 상태인 미발과 어떤 일이나 마음이 이미 일어난 상태인 이발의 경계를 독이라고 한 것이다.

『중용』에 의하면 인간의 희로애락(喜怒哀樂)이 아직 나타나지 않을 때는 중(中), 인간의 뜻이 드러나 중의 절도에 맞을 때를 화(化)라고 했다. 미발의 시기가 중이고, 이발했을 때 만사가 절도(節度)에 맞는 것이 화다.

미발과 이발을 다시 정리하면, 정자는 희로애락 전에 중을 구하는 것이 불가하다고 했다. 발하기 전에 구하는 생각이라는 것이 있다면 그것 역시 이미 생각한 것이므로 이발이 된다. 따라서 조금이라도 발하면 화라고 했다. 이것이 분명한 이치다.

미발의 경지는 말로 설명하기 어려운데, 주자는 평소에 경으로써 자신을 다스리면 마음이 거울처럼 밝고 잔잔한 물과 같아지는 미발의 경지는 자연히 체험으로 얻게 되는 것이라고 했다.

미발시의 중이라는 천하의 근본이, 이발시 화라는 달도(達道)로 통하느냐 아니냐의 관건은 바로 이발의 맹아(萌芽)가 싹틀 때다. 즉 미발과 이발의 경계에서 마음의 씨앗이 싹틀 때가 관건이다. 그 관건이 바로 독(獨)이다. 추호는 이때 힘을 쓸 수 있다면 만사를 처리하는 데 과오나 허물이 없이 조화로울 것이라고 했다.

인간 존재에 관한 초상(肖像)

마음이 제멋대로 함부로 자라도록 하지 않고, 멈춘 이후에 마음이 싹트는 것을 살펴야 한다.

마음의 맹아를 살펴 바른 방향으로 나아가도록 힘을 써야 하는데, 실용적 방법 중 하나가 내 마음이 새싹일 때 질문을 던지는 것이다. 질문을 던져 새싹이 잡초이면 뽑고, 좋은 열매를 주렁주렁 맺을 과실 수면 잘 자라도록 해야 한다. 여기서 질문에 대해 깊이 생각해보자.

질문이 없는 삶을 산다는 것은 심각한 문제다. 이와 관련해 한 개인의 삶을 넘어 큰 담론으로 존재 자체에 대한 질문에 관한 이야기로 시작하려고 한다. 인간이라는 존재에 대해 우리는 어떻게 바라보아야 하는지, 우리가 살고 있는 사회가 어떤 사회인지 질문을 던져보자.

고대 어느 작은 마을에 영적인 인도자가 있었다. 그 성자는 세상 사람에게 진리를 설파하고 다녔다. 마을의 권력자들은 성자의 영향력이 점점 커지는 것이 싫었다. 결국 권력자들은 작당을 해서 성자를 제거하기로 마음먹고, 마을의 넓은 공터에서 처형을 시키기로 했다.

그 성자의 수제자가 불길 앞에서 울부짖으면서 물었다.

"왜 당신 같은 성자가 세상을 떠나야 합니까? 왜 진리가 화형에 처해져야 합니까?"

성자는 고통 속에 일그러지는 얼굴로 대답했다.

"진리가 세상을 떠나는 것이 아니다. 지금 이 세상이 진리를 견디기 힘들어하는 것뿐이다."

19세기와 20세기, 세계의 많은 지도자와 지식인이 영적인 존재로

서의 인간을 뭉개버렸다. 철학으로는 신을 죽인 그들은, 대항해 시대를 거치면서 욕망의 카르텔을 만들어 선량한 이웃들에게 학살극을 벌이고, 존엄하고 영적인 존재로서의 인간을 견딜 수 없어서 뭉개버린 것은 아닐까?

영화 〈매트릭스〉 시리즈의 마지막 장면에서 오라클이라는 흑인 여자를 찾아오는 화난 남자가 있다. 자신이 만든 완벽한 세계인 매트릭스가 오라클이 협력한 네오에 의해서 붕괴된 탓에 분개한 것이다. 그 남자의 얼굴이 낯익지 않은가? 바로 프로이트를 본뜬 얼굴이다. 매트릭스라는 하나의 세계를 만든 신적인 존재로 프로이트를 설정한 것이다. 프로이트를 기계적인 질서의 신으로 표현한 셈이다.

프로이트는 정신 분석을 통해 마음의 깊은 곳을 탐구하는 심층 심리학(深層心理學)의 길을 연 사람이다. 〈매트릭스〉는 우주의 근본을 마음이라고 보는 동양 철학적인 관점으로 만든 영화이므로, 충분히 연관 지어서 생각할 여지가 있다.

프로이트가 마음에 관한 한 현대, 특히 서구에서는 그만큼 독보적이고 상징적인 인물인 것은 부인할 수 없다. 하지만 프로이트와 그 업적이 의미하는 실상을 냉철하게 살펴보자.

프로이트(1856~1939)야말로 심리학에 관심이 없는 사람이라도 한 번쯤은 들어봤을 것이다. 일반인들에게는 무의식을 발견하고 널리 알린 사람으로 유명하다. 특히 프로이트가 모더니즘 같은 문화 예술 방면에 끼친 영향은 지대하다. 표현주의, 초현실주의, 다다이즘 같은 전위 예술부터 존재의 겉으로 드러난 측면 외에 내적인 측면을 강조하는 예술의 많은 시도는 꿈의 분석에서 드러난 프로이트의 무의식에 대한 임상적 증거들의 발견에 힘입은 바가 크다. 이런 무의식의 실증이 일반 사람에게 자아의 외면뿐 아니라 내면을 과학적이고 논리적으로 인정하는 중대한 계기가 되었다.

그래서 그런지 프로이트는 자부심이 대단했다. 자신을 레오나르도 다빈치, 코페르니쿠스, 다윈, 갈릴레오에 비유했다. 현재 프로이트의 명성을 생각해보면 무리도 아니다.

산업혁명 이후 서구인들이 총포로 무장하고 전 세계를 항해하며 휘젓고 다닐 때, 너희는 너희들을 움직이는 진짜가 뭔지도 모른다고 한방 먹인 셈이니까 더욱 극적이기도 했다. 무엇보다 인간을 다차원적이고 복합적으로 살펴볼 수 있는 진지한 계기를 마련했다는 점에서 인류사에 중대한 이정표를 만들었다.

프로이트가 했던 유명한 말이 있다.

"인류는 역사 이래 3번 자존심에 크게 상처를 입었다. 한 번은 코페르니쿠스의 지동설로 인해서, 또 한 번은 다윈의 진화론에 의해서, 마지막은 무의식의 발견에 의해서다."

프로이트를 깊이 들여다보면 놀라운 사실을 발견하게 된다. 프로이트는 인간을 짐승 혹은 기계에 가까운 존재로 보았다. 그래서 프로이트가 발견한 인간의 무의식 또한 기본적으로 짐승이나 기계를 위해 복무하는 수단으로 보았다.

프로이트가 이 이론을 정립한 근거는 그에게 영향을 준 사람에게서 찾아볼 수 있다.

프로이트에게 영향을 준 첫 번째 부류는 최면 치료사인 샤르코와 당대에 명성이 높았던 의사 요셉 브로이어다. 샤르코와 브로이어는 최면술을 통해 환자의 트라우마를 치료했는데 환자의 무의식에 남아 있던 기억을 의식으로 불러와 증상을 치료했다. 프로이트는 이 두 사람에게 최면을 배우고 함께 치료를 하면서, 무의식 개념을 정립했다.

다음으로는 다윈이다. 프로이트는 1856년에 태어났는데 3년 후인 1859년 11월 다윈의 『종의 기원』이 출간되었다. 이 책에서는 자연 상태에서 다양한 종의 변이가 발생하고 자연의 선택 아래 살아남은 종만 진화한다는 자연 선택 이론과 생물들이 생존할 수 있는 수보다 더 많이 자손을 번식하는 경향이 있기에 한정된 자원을 생취하기 위해 약육강식(弱肉强食)의 생존 경쟁을 펼친다는 생존 경쟁 이론 등이 실려 있었다. 당대에 논쟁을 불러일으켰던 가장 결정적인 내용은 모든 생물이 가장 단순한 생물의 형태에서 진화한 것이며, 그 논리에 의하면 원숭이가 인간의 조상이라는 것이었다.

프로이트는 이러한 다윈의 진화론에 지대한 영향을 받았다. 그렇기에 인간의 가장 오래된 진화 도구인 번식에 천착하고, 성적인 부분을 그토록 강조했던 것도 무리는 아닌 셈이다.

끝으로, 프로이트는 스승인 생리학자 에른스트 브뤼케의 영향을 많이 받았다. 1873년 빈대학에서 의학을 전공했는데, 이때 만난 스승이 브뤼케였다. 에른스트 브뤼케는 당시로서는 신(新)생리학의 창시자로 모든 유기체를 기계로 보는 기계론적인 접근 방식을 갖고 있었다. 그전의 생물학이 가지고 있던, 인간을 종교적이고 생기론(生氣論, 비물질적인 생명력·활력에 의해서 지배되는 생명)적으로 보는 입장에 반기를 든 것이었다.

신생리학은 생명체의 작동 원리를 기계로 보고 인간의 마음과 행동 역시 물리적이고 화학적인 원인에 의해서 움직인다는 이론이었다. 이 기계론은 결정론과 연결되므로 인간의 심신의 작용이 모두 원인과 결과에 의해 결정되어 있다고 간주한다. 뉴턴식 기계론적 세계관인 셈이다. 당구공의 한쪽을 치면 공의 경로가 결정되는 것처럼 인간의 마음과 행동도 그렇게 움직인다는 것이다. 프로이트는 일생을 통해서 인간에 대해 이러한 기계론과 결정론적인 관점을 고수했다.

이 과정을 통해 최면술, 무의식이라는 내면, 짐승과 기계로서의 인간, 이 어울리지 않을 것 같은 조합은 프로이트라는 한 인간에게서 접합된다. 프로이트에 의해서 인간은 무의식을 가진 기계 야수라는 기괴한 괴물이 되었다.

반면 한때 지그문트 프로이트에게서 무의식을 배웠던 칼 구스타프 융은 좀 달랐다. 융은 프로이트의 품을 뛰쳐나온 후 프로이트와 학문적으로는 대립했다. 프로이트는 융이 그 용어를 창안한 집단 무의식 이론을 공격하기 위해 『토템과 터부』라는 책을 내기도 했다. 융은 프로이트로부터 무의식의 개념에 대해 꿈의 해석으로부터 많이 배웠다고 인정했지만, 프로이트와 달리 과거의 트라우마나 성적인 것만 중시하지는 않았다. 그리고 점차 프로이트가 사용하는 무의식과, 융이 사용하는 무의식은 단어만 같았지 내용물은 달라졌다.

프로이트의 무의식은 초기의 잠재의식의 개념으로 이성에 의해서 억압된 의식이다. 반면 융은 집단 무의식이라는 개념을 만들면서, 무의식을 시공을 초월해 다른 세계로 연결되는 수단으로 보았다. 모든 이가 하나의 섭리로 연결되어 있는데 그 속으로 들어가는 통로라는 의미로 사용한 것이다.

한편 융이 분석 심리학을 통해서 가장 중요하게 생각한 것은 무의식의 자기실현이었다. 우리 모두에게는 정신이 가진 의식과 무의식의 분열을 극복하고 통일된 정신으로 돌아가려는 원초적 속성인 자기원형이 있는데 이것을 바탕으로 자기실현이 가능하다.

다시 말하면 무의식이라는 진정한 자기 자신이 의식 아래에 숨겨져 있고, 그것이 충분히 드러나고 발달해야 전체적으로 온전한 인격을 형성할 수 있다. 이러한 무의식 안에는 인간을 전체로 살게 하는 온전한 인격을 완성시키는 창조력·잠재력이 내재해 있는데, 그것을 자기 원형이라고 한다.

이 자기 원형은 동양 철학의 본성(本性)에 대응된다.

융은 자기실현의 과정을 나이대별로 설명하기도 했다. 인간이 태어나 어렸을 적에는 진정한 자기로 살다가 외부로 분화해 자아가 형성되고, 자아로서 활동하다가 중년이 되면 다시 자아가 자기에 통합되면서 진정한 자아인 자기가 발달해간다고 보았다.

이렇게 자기원형이 가진 힘에 의해서 무의식인 자기가, 자신을 실현하는 것이 자기실현이다.

프로이트와 융이 무의식과 인간 존재를 바라보는 관점은 이렇게 극명하게 달랐다.

융이 영적인 것을 중시했기에 이상주의적이고 비현실적인 사람이라고 착각하는 경우가 많다. 하지만 실제로 융의 전기를 보면, 현실에 발을 딛고 서 있는 것을 매우 중요하게 생각했다.

그러한 관점에서 융은 산스크리트어로 니르드반드바(Nirdvandva)

를 강조했다. 뜻은 양 극단으로부터의 자유다. 유학(儒學)의 언어로 말하면 중용(中庸)을 말한 것이다. 융은 현실에서 이탈하지 않고, 중용의 태도를 견지하면서 영혼과 존재의 본질을 평생 진지한 태도로 연구한 인물이었다. 프로이트와 융의 이야기는 작은 단초에 불과하지만, 두 사람을 대비해보면서 우리는 인간이라는 존재가 무엇인가에 대해 질문하고 인간의 초상을 그려보는 시간을 갖게 된다. 우리는 이렇게 잠시 멈춰 자신에 대해서 질문하는 작업을 통해서 본질에 근접하고, 올바른 삶의 방향을 찾아 나갈 수 있다.

사회의 실상

다음으로 질문하기에 대한 하나의 연습으로, 우리 사회의 실상에 대해 질문을 던져보려고 한다. 우리 사회의 실상은 우리 사회가 무엇을 말하고, 표방하느냐가 아니라 우리 사회가 무엇을 선택하고 행하느냐에 달려 있다.

마하트마(Mahatma)는 힌디어로 위대한 영혼이라는 뜻이다. 마하트마라 칭송받던 간디(1869~1948)는 생전에 자신이 가장 좋아하는 외국인은 영국인이고 가장 싫어하는 나라는 영국이라고 했다. 영국은 여전히 우리들에게 신사의 나라로 불린다.

개인을 단독으로 만났을 때는 신사숙녀인 사람이 단체나 조직에 들어가서 행동할 때는 이기적인 기계나 야수처럼 행동할 때가 많다. 그 모습을 보면 그 사람이 관계에서의 자아, 사회적 자아로서 지향하고 있는 실상이 무엇인지 선명하게 알 수 있다.

서구와 동양의 가장 크고 강렬한 첫 만남은 아편전쟁이었다. 그때부터 동양은 서구와 서구인들이 어떤 존재인지 분명하게 인식하게 되었다.

1840년 발발한 아편전쟁은 근대 이후 동서양 최초의 전쟁이다. 영국은 당시 차 마시는 습관이 유행이어서 차와 비단을 중국으로부터 수입했고, 이로 인해 막대한 무역 적자가 발생했다.

이를 극복하려고 영국은 인도에서 생산되는 아편을 중국에 밀수출했다. 점차 중국은 수입 초과국이 되었고, 막대한 은이 유출되어 재정난을 겪게 되었다. 그뿐 아니라 아편 중독자가 날로 늘어 국민 전체의 건강을 심각하게 위협받게 되었다.

이에 중국은 임칙서에게 군사와 행정에 관한 전권을 주며, 아편 거래의 요충지인 광동(광둥)으로 파견해 아편 2만여 상자를 바다에 빠뜨렸다. 이에 영국은 중국을 응징하기로 하고 아편전쟁을 일으켰다.

영국의 글래드스턴 의원은 "아편을 팔기 위해 더러운 전쟁을 감행하는 것은 영국 국기를 더럽히는 일"이라고 했지만, 영국 의회에서 9표 차이로 전쟁이 결정되었고 압도적인 화력의 차이로 남경(난징)까지 함락할 위기에 처하자 중국은 항복을 선언한다. 아편을 밀수출한 영국인들이 중국에게 적반하장으로 배상금을 물리고 치외 법권을 인정받아 자유롭게 아편을 수출할 수 있게 되었다.

이후 중국은 프랑스, 미국 등 열강의 먹잇감이 되었음은 당연한 수순이다. 1857년 2차 아편전쟁에서 서구 연합군은 방화, 강간, 살육을 일삼았고 세계에서 가장 아름다운 정원이라는 칭송을 받던 원명원(圓

明園)은 폐허가 되었다.

아편전쟁 이후로 동양은 서구가 문명인의 미명하에 이익을 위해서는 무엇이든 하는 집단이라는 것을 알게 되었다.

단순히 150년 전의 역사가 아니다. 정치나 군사뿐 아니라 케인스식 현실주의와 자유주의를 오가는 미국을 중심으로 한 서구 경제 정책의 근본은 실용주의에 있다. 이익이 되면 무엇이든 한다는 것이다.

이런 우리 사회의 모습은 서구에 한정되어 있거나 근대 이후의 일만은 아니다. 염량세태의 일화에서 알 수 있듯 동양 사회도 그 철학을 차치하고 현실적인 모습은 대동소이했다. 예전에는 가려져 있었던 것이 정보의 원활한 유통으로 동서양을 막론하고, 은폐되어 있던 우리 사회의 실상이 지금은 더 잘 드러나고 있다.

잃어버린 질문의 세계

이제 소수 권력자들이 전방위적으로 대중을 지배하던 시대는 가고 개인의 시대가 도래했다. 이 새로운 시대를 맞아 법고창신(法古創新, 옛것을 공부해 새로운 것을 창조함)할 수 있어야 한다. 옛것에서 취할 수 있는 것은 취하고, 버릴 것은 버리면서 새 시대를 창조해야 한다. 지나온 시대를 반성하고 앞으로 나아가야 한다.

15세기 후반에서 18세기 중반까지, 서구의 배가 전 세계를 주유하던 대항해 시대부터 20세기까지를 거칠게 재단하면 욕망을 위해 질문을 던지지 않는 와이 낫(Why not)의 기계 야수들이 지배하는 시대였다. 지금껏 현대 사회를 지배한 기계와 같이 빠른 두뇌와 차가운 심장, 야수 같은 힘과 권력을 가진 이들은 자신의 힘을 유지하기 위해 와이 낫의 철학으로 움직였다. 와이 낫은 우리말로 "왜 안 돼? 그래서 어쩌라고? 안 될 건 뭐 있어?"라는 뜻이다.

총, 병균, 금속으로 인류 문명의 승자와 패자가 갈렸다는 이론을 문화 인류학의 관점에서 상세히 설명한 『총, 균, 쇠』에서 가장 기억에 남는 대목이 있다. 역시 아편전쟁이 일어났던 시기와 비슷한 시기에 태평양 제도(諸島)인 폴리네시아에서 일어났던 사건이었다.

1835년 12월, 마오리족은 뉴질랜드 동쪽 800킬로미터 떨어진 폴리네시아 채텀 제도에 살던 모리오리족을 급작스럽게 공격했다. 모리오리족이 2배 많아서 제대로 싸우면 이길 수 있었건만 평화적이던 모리오리족은 회의를 열어 물자를 나눠주기로 했다. 그러나 마오리족은 며칠 만에 수백 명의 모리오리족을 살해하고 시체를 요리해 먹었다. 남자, 여자 심지어 아이들까지 무차별 학살했다. 마오리족은 인간 사냥이 끝난 후 이렇게 말했다고 한다.

"우리는 관습대로 그 섬을 점령했으며, 놈들을 모조리 사로잡았다. 더러는 도망쳤지만 우리가 곧 죽였고 다른 놈들도 죽였다. 그러나 그게 어쨌단 말이냐? 우리는 관습에 따랐을 뿐이다."

와이 낫(Why not)? 그래서? 그게 뭐 어때서?

와이 낫(Why not), 이것이 지난 세기까지 우리 시대의 저변에 흘렀던 가장 강력한 철학이 아닐까 싶다. 질문하지 않는 시대, 질문하지 않는 삶은 지극히 폭력적이고 위험하다.

질문하지 않는 사회, 사유하지 않는 사회는 우리를 위험에 빠뜨릴 것이다. 완전 연결 사회에서는 특히 우리 사회의 변화에 대한 생각들이, 개인의 이익과 직결된다는 것을 알아야 한다. 지식 정보가 산업화되는 속도가 극도로 빨라졌기 때문이다.

우리나라에도 널리 알려진 스티븐 킹은 작가 생활 초기에 불안정한 시기를 보내다, 어린 시절 보았던 한 불행한 소녀에 대한 이야기를 소재로 소설을 써서 일약 스타 작가로 데뷔할 수 있었다. 스티븐 킹이 기억하고 있는 실제 그녀에 대한 사실은 그의 글쓰기 책에 잘 나타나 있는데, 대략 이런 것이었다.

"도디(가명)는 1년 넘게 같은 옷만 입고 다닌다. 흰색 블라우스는 점점 낡고 누렇게 변했고, 옷감이 얇아지면서 속옷까지 보일 지경이다. 동급 여학생들은 도디를 조롱했는데, 처음에는 뒤에서 했고 점점 면전에서 했으며 나중에는 모욕을 했다. 킹에 의하면, 비웃기만 한 것이 아니라 증오했다고 한다. 이유는 도디가 그녀들이 두려워하는 모습을 한 몸에 보여주고 있었기 때문이다.

2학년 크리스마스 방학이 끝나고 도디는 눈부시게 달라진 모습으로 나타났다. 파마를 하고 다리털을 밀고 비싼 나일론 스타킹을 신고 모직 스웨터에 보라색 치마를 입었다. 모두 새로 산 옷이었다.

그때부터 여학생들의 조롱은 더 심해졌다. 도디는 점점 더 망가져 갔다. 파마는 두 번 다시 하지 않았고, 새 옷은 구겨졌고 낡아갔다. 킹은 도디의 얼굴에서 미소가 사라지고, 눈빛이 흐려지는 것을 보았다고 했다. 훗날 도디는 제법 유명한 방송국 일기 예보 담당자와 결혼했으나, 아이를 낳은 직후 지하실로 내려가 배에 총을 쏘고 죽었다."

약자를 만들어서 약자의 것을 빼앗아 나눠 가지거나, 문제가 생겼을 때 약자를 희생양으로 삼거나, 약자를 괴롭혀서 자기 내부의 결속을 다지는 것은 관계 공동체에서 자주 일어나는 일이다. 아이들도 그런 사회를 보고 배운다. 아이들은 어른들의 거울이라 하지 않는가? 하지 말라고 해도 그게 어른들이 살아가는 삶의 실상이라는 것을 느끼니까 자연스럽게 따라 하는 것이다.

우리 사회에는 도디를 지속적으로 만들어내고, 도디의 노력을 약탈하면서 동시에 멸시하는 강력한 권력과 재화를 가진 기계 야수들이 있다. 많은 사람이 이 기계 야수들의 일에 직간접적으로 동참하고 있다.

수면 밖의 모습만 그럴듯하게 꾸민 대중은, 한편으로는 기계 야수 그룹에 속하려고 발버둥치거나 자신이 또 다른 도디가 되지 않기 위해 부단히 발을 젓고 있다.

우리는 이제 무조건 관계 속으로 들어가려는 발버둥을 멈추고, 질문을 던져야 한다. 우리 사회의 실상은 무엇인가? 인간이란 존재는 무엇인가? 우리 사회는 어디로 가야 할 것인가? 나는 어디로 가야 하는가?

우리 사회에 대해서도 나 자신에 대해서도 지금 가던 길을 멈추고 질문을 던질 수 있어야 한다. 그래야 선후, 본말을 바로잡을 수 있다. 인간이 가진 재능과 본능과 힘과 정열과 냉정하고 영리한 머리가, 삿된 사심이 아니라 본성과 도심(道心, 이치에서 나온 마음)이라는 주인공의 지배를 받을 때, 인심(人心, 사람의 기질에서 나온 마음)이 평안하고 행복해지며 인류라는 공동체가 천지의 일에 참여하는 새로운 역사를 시작할 수 있을 것이다.

어디에 멈출 것인가?

어디에 멈출지 알아야 한다. 즉 내가 어디로 가는지 알아야 하는 것이다. 내가 지금 하던 방식을 버리고 멈추고 새롭게 우선순위를 정해서 나아가려면 목적지가 어딘지 분명해야 한다. 그래야 원하던 왕국, 원하던 목적지에 도착할 수 있다.

공자는 새도 멈추는 바를 아는데 인간이 멈추는 바를 몰라서야 되겠냐고 했다.

『대학』의 이야기다.

"『시경』은 말하기를, 지저귀는 황조여, 구우(언덕 모퉁이)에 멈춰 있다. 공자는 말하기를, 멈춤에 있어 멈추는 바를 아니 사람으로서 새만도 못한 것이 가당한가?(詩云 緡蠻黃鳥 止于丘隅 子曰 於止 知其所止 可以人而不如鳥乎)"

지기소지(知其所止)는 그 멈춰야 할 바를 아는 것이다. 구우(丘隅)는 산속 깊은 곳, 울창한 곳이다. 새도 자신이 앉아야 할 자리를 알고 앉는다는 말이다. 새도 둥지를 보고 앉고, 소도 언덕이 있어야 비빈다는 말이 있다. 무릇 짐승도 멈출 곳을 아는데, 인간이 몰라서야 되겠냐는 말이다.

멈출 곳은 일반적으로 『대학』에서는 지극한 선으로 말하기도 하지만, 적절한 도리를 말하기도 한다. 그 적절한 도리란 관계에서의 적절한 도리이기도 하고, 시절에 맞는 적절한 도리이기도 하다. 그것은 중도이니 멈출 곳은 지선(至善) 혹은 중도(中道)를 말한다.

지선의 선 자체 의미를 탐색해가다 보면, 중도를 의미하기도 한다. 선(善)이 일반적으로 말하는 순진하고 착한 것을 말하는 것이 아니라 지켜야 할 선(線)을 말한다. 선을 넘거나 부족해 지나치게 벗어난 것이 과불급(過不及)이니 선은 곧 중도가 된다.

　흔히 착하다고 말하는, 손해보고 베풀려고 하는 것도 지켜야 할 선이 있다. 자신이나 가정을 망가뜨리면서 손해보고 베푸는 것은 위선이기 쉽다. 물론 대의를 위해 희생하는 것을 제외하고 말이다. 그것은 더 크게 지켜야 할 선에 자신을 맞춘 것이다.

　『대학』은 『시경』을 인용해 말한다.

　『시경』에서 말하기를, 깊고 아득한 뜻을 가진 문왕이시여. 빛나는 경 (敬, 예의·잡도리·공경·정중)의 멈춤을 계승하셨구나! 왕이 되어서는 인에 멈추고, 신하로는 공경함에 멈추고, 자식은 효에 멈추고, 아버지는 자애로움에 멈추고, 나라에 사람이 교제하는 것은 믿을 신(信)에 멈추었다.

◇◇◇◇◇◇◇◇◇◇◇◇

詩云 穆穆文王 於緝熙敬止 爲人君 止於仁 爲人臣 止於敬 爲人子 止於孝 爲人父 止於慈 與國人交 止於信

　자신이 처한 직분을 잘 수행하는 것이 중도다. 경은 신과 통한다. 잡도리하다, 단속한다, 공경하고 삼간다는 뜻이다. 공경하고 삼가며 도달하는 멈춤의 도가 스스로 만족할 수 있는 자겸(自謙)의 중도다.

공자는 『대학』에서 말했다.

멈출 곳을 안 이후에 정해짐이 있고, 정해진 이후에 능히 고요할 수
있고, 고요한 이후에 능히 평안할 수 있으며, 평안한 이후에 올바르게
사려할 수 있고, 사려한 이후에 능히 얻는 바가 있다.

◇◇◇◇◇◇◇◇◇◇◇◇

知止而后有定 定而后能靜 靜而后能安 安而后能慮 慮而后能得

주자는 이 글귀에 대해 이렇게 말했다.

지(止)는 마땅히 멈춰야 할 곳이니 지선이 있는 곳이다.
멈출 곳을 안다면, 뜻이 나아갈 곳을 결정할 수 있다.
정(定)은 마음이 망동하지 않는 것이다.
안(安)은 거처가 평안한 것이다.
려(慮)는 사정을 상세하게 살피는 것이며
득(得)은 그 멈출 곳을 얻는 것이다.

◇◇◇◇◇◇◇◇◇◇◇◇

止者所當止之地 卽至善之所在也 知之則志有定向 靜謂心不妄動 安謂
所處而安 慮謂處事精詳 得謂得其所止

지지(知止)는 선에 멈춰야 할 바를 안다는 것이다. 의심할 바 없이
알게 되면 마음이 흔들리지 않고 하나로 결정된다. 정(靜)은 고요함이
요, 망동(妄動)은 망령되게 이리저리 움직인다는 뜻이다. 안(安)의 거처

가 평안하다는 것은 『금강경』의 수처작주 입처개진(隨處作主 立處皆眞)을 떠올리게 한다. 처한 곳을 맞이해 주인이 되니 내가 서 있는 곳마다 진리의 자리다. 이것은 어느 곳에 처하든 주인공으로 살아가니, 진리의 땅이 아닌 곳이 없다는 말이다. 이것이 유교식으로는 선을 알아서 지킬 줄 알면 언제 어디서나 평안하다는 것이다. 선을 알아서 멈추고 지킬 줄 안다는 것, 마음을 붙잡아 내 마음의 주인공이 되어, 어디에 마음이 쏠려 흔들리는 바가 없으니 언제나 평안하다는 것이다.

선은 어디에 있는가?

멈출 곳을 먼저 알아야 한다는 것은 앎을 앞에 내세운 것으로 8조목(격물, 치지, 성의, 정심, 수신, 제가, 치국, 평천하) 중에서 격물치지가 가장 앞서 나오는 것과 같은 맥락이다. 하지만 한편으로는 지성을 다할 경우 자연스럽게 멈출 곳을 알게 되는 것이다.

치지(致知, 지극히 앎)와 지성(至誠)은 상보적인 것이다. 앎이 먼저냐 충실함이 먼저냐의 논쟁은 닭과 알의 논쟁만큼 무의미한 것이다. 그것은 한 가지를 각기 다른 측면에서 본 것이기 때문이다. 만물을 맞아 충실함으로 알게 되고, 알기 때문에 충실하게 되는 것이다. 그래서 격물치지와 성의정심은 수신이라는 한 동전의 양 측면이다.

한편 주자는 득(得)을 멈출 곳을 얻는다고 해석했는데, 다소 순환논리에 빠지는 듯한 인상도 없지 않다. 얻는 바가 있다는 것은 일반적으로 실용적 공덕이 있다는 뜻으로 해석한다. 멈출 곳을 알아 결정해 나아가는 것이 이미 멈출 곳을 얻은 것이요 그 이후의 고요함, 평안함, 바른 사려, 매사 천리에 부합해 얻는 바가 있는 것은 모두, 멈춘 바의 공효(功效, 실질적 효과)다.

물론 이것은 중도를 통한 효과에 주목하느냐? 중도 자체가 가장 큰 효과냐라는 관점의 차이에 따라 다른 해석이 나올 수 있기는 하다. 이 역시 중도 한 가지를 좀 더 넓게 혹은 좁게 해석하는 차이로, 한 물건에 대해 다른 각도에서 바라본 것뿐이다.

여기서 핵심은 멈춘다에 있다. 멈춰야 올바른 결정을 할 수 있고, 멈춰야 모든 것이 제자리를 찾아 정해지는 바가 있다. 제대로 멈추면 매사에 얻는 바가 있다. 이처럼 신독의 신(愼)은 마음이 제멋대로 돌아다니는 것을 멈추게 하고 스스로에게 질문을 던지고 자신이 갈 바를 바르게 정하는 것이다.

『대학』은 지어지선(止於至善)을 말한다. 선을 제시하면서 그곳에 멈추라고 한다. 선(善)은, 선(線)이다.

지금 때에 맞춰서 해야 할 일, 그것이 『중용』의 시중(時中)이며, 『대학』의 지선(至善)이다. 지극한 선은 우리가 소급해가야 할 본성이 제시하는 선(線)이다. 천명이 우리에게 말해주는 선이다. 무엇인가에 편중되거나 종속되는 바가 없는 주체적인 선이다. 과하거나 불급하지 않은 중도의 선이다. 중도의 선이란 부족한 바 없이 나아가 넘치지 않는 곳에서 멈춘다. 쾌락이든 일이든 멈춰야 할 곳에 멈추면 양약(良藥)이 되고, 선함이 된다.

한편 한 번 멈추면 그것으로 끝나는 것이 아니다. 중용의 도리는 늘 한결같은 것이지만 인생사 만 가지 도리는 시절과 공간에 따라서 모두 다른 것이기 때문이다. 중용의 도리에 비춰서 늘 새로운 중화의 도리로 세상을 응대해야 한다. 우리가 한 번 바른 도리에 멈췄으면, 다시 또 떠날 생각을 해야 한다. 늘 새롭게 떠나서 새로운 중화의 도리에 부응하는 것이다. 멈출 곳이라는 의미에 대해 보다 폭넓게 사고할 필요가 있다는 말이다.

워커홀릭으로 일에 빠져서 가정도 건강도 내팽개치고 일을 하고 있는 것을 멈추고, 새로운 때에 맞는 새로운 방식을 찾지 않고 하던 대로만 해서 도태되는 것을 멈추고, 쾌락을 즐기는 것을 적정한 선에서 멈추고 본 모습으로 돌아가는 것 등 수많은 예를 들 수 있겠지만 어쨌든 우리는 이렇게 멈출 바를 알아야 한다.

정리하면 멈출 수 있다는 것은 관성에 취해 있는 것이 아니라 지금이 순간 각성하고 깨어 있다는 뜻이다. 멈출 바를 알아야 언제 어디로 나아가야 할지 올바른 판단과 결정을 내릴 수 있다. 새로운 멈출 곳을 아는 것도 중요하지만, 더 중요한 것은 우리네 삶에서는 매일 매 순간 지금 하던 것을 멈출 수 있다는 멈춤 자체다. 멈춰야만 방향을 바꿀 수 있고, 멈춰야만 새로워질 수 있다. 신독의 삼감이라는 것은 지기소지(知其所止), 곧 멈출 바를 아는 것이다.

6장

불용일물(不容一物):
마음에 한 물건도 남기지 말라

마음에 한 물건도 두지 말라

신독의 신(愼)은 신(新)이니, 늘 마음을 새롭게 하는 것이라고 했다. 마음을 새롭게 하려면 기존에 마음의 방을 장악하고 있던 잡동사니들을 깨끗이 비워야 한다.

마음의 책상을 깨끗이 비워야 오늘 지금 접해야 할 새로운 일, 새로운 놀이를 온전히 경험하며 삶을 즐길 수 있다.

마음을 공(空)하게 만듦으로써 내 삶의 주인공이 될 수 있다. 모든 번민과 후회와 죄책감, 불안감 같은 찌꺼기 감정들을 비워라.

대행 스님의 표현대로 버리고 떠나라. 주인공(主人空)이 주인공(主人公)이다.

윤화정(尹和靖, 1071~1142)이 말했다.

"경(敬)은 마음을 수렴해 단 한 물건도 용납하지 않는 것이다.(敬者其心收斂 不容一物之謂)"

윤화정, 윤돈(尹焞)은 북송 하남 사람으로 이정자 중 정이천에게 사사했다. 호는 화정(和靖)이고, 자는 언명(彦明)이다. 윤돈은 삼감이란 마음을 수렴해 마음속에 하나도 남기지 않는 것이라고 했다. 그리고 하나를 주로 하는 것에 대해 묻는 제자에게 상세하게 설명했다.

경이 무슨 형태나 그림자가 있을 것인가? 다만 심신을 수렴해 하나를 주로 하는 것이다. 우선 사람이 신사(神祠, 신령을 모신 사당) 안에 들어가 공경하는 마음을 지극히 가질 때 그 마음이 수렴되어 털끝만 한 것도 남기지 않으니 이것이 바로 하나를 주로 하는 것이다.

敬有甚形影 只收斂身心便是主一 且如人到神祠中致敬時 其心收斂更著

不得毫髮事 非主一而何

하나를 주로 하는 것은 9장에서 상세히 다루겠지만, 이처럼 마음을 비우는 것과 하나를 주로 하는 것은 같은 것이다. 5장에서 11장까지 다루는 신독의 여러 방법의 순서를 매기기는 했지만, 결국 한 가지를 여러 관점에서 말하는 것이다.

지금 멈춰 서서 우리 삶의 태도를 어떻게 할 것인가를 생각해보자. 첫째, 방만한 마음을 수렴하고 둘째, 마음에 털끝만 한 것도 남김없이 비우고 새롭게 해 셋째, 하나를 주로 한다. 그 하나는 지금 여기의 일에 지성을 다하는 것이다.

편의상 나눈 것일 뿐 동시에 일어나는 일이다. 길길이 뛰어다니며 돌아다니거나, 게을러서 퍼진 마음을 수렴하는 것이 바로 정성스럽게 삼가는 경이며, 신독이다.

수렴해 단 한 물건도 용납하지 않는 삼감은 공(空)의 개념과도 통한다. 불교 철학에서는 진공(眞空)이 곧 묘유(妙有)라고 했다. 진정한 비움은 곧 묘한 있음이라는 것이다. 이것이 바로 동시적 사건이라고 말한, 비움과 하나를 주로 한다는 것이다.

마음을 수렴해 불용일물(不容一物)하면 온전히 지금을 충만하게 살수 있을 것이다.

신독은 완전히 비움으로써 묘한 있음, 바른 있음의 경지에 도달하는 것이다.

기억으로부터의 자유

무엇을 비울까? 대표적인 것으로 과거, 죄책감, 두려움을 예로 들어보겠다. 이것을 여기서는 기억, 죄, 악으로 표현했다. 기억, 죄, 악으로부터의 자유를 생각해보자. 그리고 근본적으로는 이 모든 것의 뿌리가 되는 자아(自我)로부터 자유로워져야 하니, 자아를 비우는 것이 가장 근본적인 해결책이다.

2장해서 말했지만 무슨 일이든 스스로를 진심으로 아끼고 사랑하는 것에서 출발해야 함을 알아야 한다. 혼자 있는 시간을 평온하게 유지하려면 주어진 삶을 적극 직면하고 자신을 긍정해야 한다. 우리가 우리의 진짜 삶에서 도피하고, 자신에게서 도피하는 것은 왜일까? 자신의 삶을 받아들이지 못하고 증오하며 한낱 쾌락으로 도망치려고 하는 것은 무엇 때문일까?

우리가 스스로를 미워하는 것은 어쩌면 인지 부조화라는 심리적 개념에서 출발한다. 인지 부조화는 자신의 신념과 실제로 만나는 것에서 불일치가 일어나면 그것이 불편하기 때문에, 그 불편을 제거하기 위해 자신의 생각을 거짓된 것으로 왜곡하는 것을 말한다.

다시 개인이 자신을 사랑하지 못하는 문제, 증오하는 문제로 돌아오면 이유는 바로 자신이 생각하고 지향하는 자아와 실제 자아, 지금까지 살아온 자아의 불일치 때문이다. 우리는 기억이 만들어놓은 지옥 속을 평생 헤매며, 지금 소중한 현재를 삶답게 살아보지 못한다. 자신의 잘못이 자신에게 행한 것이든 타인에게 행한 것이든 그것에 연연하는 것은 누구에게도 도움이 되지 않는다.

오히려 그것에서 벗어나야 자신과 남의 삶을 행복하게 하는 데 도움이 될 수 있다. 불필요한 과거 되새김은 현재를 왜곡할 뿐이다. 기억의 교훈은 어차피 우리 자신의 기질에 각인되어 있다. 우리가 일부러 머릿속으로 지속적으로 반복해서 시뮬레이션할 필요가 없다. 기억에서 벗어나야 지금을 숨 막히지 않게 지금답게 진짜 삶을 살아갈 수 있다.

이란 출신의 천문학자이자 시인이던 오마르 하이얌은 노래했다. "운명을 기록하는 시간의 손가락, 쉴 새 없이 움직이며 기록을 한다. 기도나 영리함으로 한 줄이라도 지울 수 있을 것인가? 눈물을 흘리며 아무리 호소한들 단 한 구절이라도 없앨 수 있는가?"

신에게 피눈물을 흘리며, 기도하고 호소하더라도 우리는 과거에 있었던 일을 바꿀 수 없다. 아무리 영리하고 지혜로운 자라도 한 줄조차 지울 수 없는 것이 과거다. 과거는 오직 거기에 대한 태도를 바꾸는 것만으로 사라지게 할 수 있을 뿐이다.

과거는 이미 대자연의 영역으로 들어가 버린 내 것이 아니라는 생각을 가져야 한다. 그것은 바로 선현들이 말했던 용광로에 떨어지는 눈 같은 덧없는 번민이다. 용광로에 떨어지는 눈은 바로 녹아서 흔적도 없이 사라져버릴 것이다. 그처럼 나를 괴롭히는 자아에 대한 관념도 날려버리고 녹여야 한다. 그래야 늘 새로운 하루, 진짜 나로 살 수 있다.

언제나 자신을 비워 청정하게 만들고, 자신을 사랑하는 것으로부터 우리는 온전한 삶을 살 수 있다. 신독은 불필요한 관념을 비우고, 자신을 사랑함을 변함없이 하는 것이다.

죄는 없다

우리가 우리 자신의 진면목인 주인공의 모습을 되찾는다면, 우리는 죄인이 될 수 없고 악은 본질적인 것이 아니라는 것을 알게 된다.

정이천이 말했다.

"자신의 죄를 책망함이 없을 수는 없다. 하지만 그것을 흉중에 오랫동안 머무르게 하거나 후회하는 것은 옳지 못하다.(伊川先生曰 罪己責躬不可無 然亦不當長留在心胸爲悔)"

우리는 얼마나 많은 자책과 후회로 살아가는가? 책망함이 없을 수 없다는 것은 반성하는 것이다. 하지만 반성은 당시에만 하고 끝내야 한다. 자책과 후회도 과거에 연연하고 집착하는 것이다. 이것은 과거에 더 잘했을 수 있을 것이라는 오만한 생각이나 뇌의 착각에서 비롯되는 것이다. 당시에는 그렇게밖에 할 수 없었다는 것을 받아들이는 것이 중요하다. 그리고 다시 자신에게 새로운 기회를 줘야 한다. 죄를 지은 것이 있다면 응당한 대가를 받아야 한다. 그것을 피하려는 요행수를 바라는 마음, 혹은 현재 자신이 성인군자와 같은 대단한 사람이라는 착각과 오만함이 후회와 자책을 만든다. 그 얼룩은 지금을 살지 못하게 한다.

과거의 잘못으로 인해 알게 된 교훈과 정보는 지금 내 의식의 탁상 위에 굳이 끄집어내지 않더라도 무의식의 도서관에 기록되어 있다. 필요할 때 자연스럽게 출력되는 것이다. 그런 정보들을 굳이 탁자 위에 늘어놓아 지금 처리해야 할 정보를 제대로 처리하지 못하는 것은 어리석은 일이다. 의식의 탁상을 깨끗이 비워야 지금 필요한 책과 자료와 연장을 탁상 위에 올려놓을 수 있고, 제대로 일을 할 수 있다.

과거의 방식으로 현재의 일을 대비하는 데도 한계가 있다. 과거에는 과거에 맞는 방법이 있고, 지금에는 지금에 맞는 방법이 있다. 그래서 우리는 늘 새로워져야 한다. 그래서 정자도 말한 것이다. 자책은 할 수 있다. 하지만 자책을 오랫동안 마음에 머무르게 하거나 후회하는 것은 부당하다.

인간이 자신들이 만든 사회의 이익을 위해 만들어냈을 뿐 근본적으로는 죄라는 것이 없는 것일지도 모른다. 죄가 아니라 중도라는 선에서 조금 모자라거나 조금 지나친 단순한 과불급일 뿐이다.

『주역』에는 천뢰무망(天雷无妄)이라는 괘가 있다. 천뢰는 우주의 이치가 늘 변함없이 돌아간다는 의미이고, 무망은 망령됨이 없다는 뜻이다. 다소 무미건조해 보이는 이 괘에는 깊은 이치가 있다. 이 망(妄)을 도망으로 해석하기도 한다는 점에서 그렇다. 천뢰무망은 천지의 이치로부터 도망가지 않는다는 뜻이다.

만물은 천지의 이치로부터 도망갈 수 없다. 그래서 망이다. 결국 아무리 멀리 도망가 봐야 천지의 그물에 걸릴 수밖에 없다는 뜻이다. 손오공이 부처님 손바닥을 벗어날 수 없는 것처럼 말이다.

이외수의 『그대에게 던지는 사랑의 그물』이라는 책이 있다. 천지의 이치, 천리는 우주가 만물에게 던진 사랑의 그물이다. 아무리 도망가려 해도 도망갈 수 없다. 우리는 그물 속에서 늘 본성으로 소급되어 돌아올 수밖에 없다.

죄(罪)라는 글자는 그물을 의미하는 망(罒)이라는 글자에 아닐 비(非) 자가 붙은 것이다. 그물이 아닌 것이 죄란 말이다.『역경』은 무망괘로 우리가 그물에서 도망갈 수 없음을 말했다. 천지에서 천리(天理)라는 그물을 벗어날 수 있는 것은 없다. 이 우주에 그물이 아닌 것은 없으니 근본적으로 죄도 없는 것이다.

악은 없다

악의 실체에 대해 생각해보자. 죄는 약간 떠나온 것일 뿐이라고 했다. 그렇다면 악이란 무엇일까?

조치도(趙致道)는 주자의 제자로, 주자의 손녀와 결혼해 주자의 손녀사위가 되었다. 조치도가 어느 날 선과 악에 대해 주자와 대담을 나눴다. 이 대담은 길지만 긴요하므로 모두 옮겨본다.

"주돈이(周敦頤, 1017~1073, 정자의 스승)가 성(誠)은 무위(無爲)하며, 기(幾, 기미)는 선악이 있다고 했는데, 이것은 인심의 미발하는 본체를 밝히고 이발하는 단서를 가리킨 것입니다.

이것은 공부하는 자들로 하여금 마음의 싹이 텄을 때의 기미를 잘 살피게 해 결정을 내리고, 선택을 할 때 버리고 취할 것을 알게 함입니다. 본심의 체를 잃지 않도록 하려는 것이었는데, 혹자들은 의심해 호굉(胡宏, 1105~1161, 남송南宋 호상학파 개창자)의 체는 같고 용은 다르다는 유의 말과 같다고 여기게 되었습니다. 결국 망동되어 제멋대로 헤아리기에 그림을 만들어보았습니다.

선악은 비록 상대가 있습니다. 하지만 마땅히 주인과 손님을 나눠야 합니다. 천리와 인욕이 비록 분파가 있지만, 반드시 그 종통(宗統)과 서자를 살펴야 합니다. 성으로부터 시작해 선으로 가게 되면, 즉 이것은 나무가 근본으로부터 줄기가 되는 것입니다. 줄기에서 말단에 이르면, 상하가 서로 이르러 통하게 됩니다.

즉 도심을 발견하게 되는 것이며, 천리가 유행하는 것입니다. 이 마음이 바로 근본 주인이며, 이것이 성(誠)의 정종(正宗, 정통을 이어받은 종파)입니다.

혹시 곁에서 꽃이 피거나, 측면에서 빼어난 것들이 있고, 기생하는 겨우살이나 군더더기 같은 것들이 자라날 수도 있습니다. 비록 이것 역시 성에서 발동해 나온 것이기는 하나 인심의 발현일 뿐으로 사욕이 유행하는 것입니다.

악은 마음이 본래부터 가지고 있던 고유(固有)한 것이 아니라, 모두 일개 손님을 만난 것일 뿐입니다. 이것은 성의 정종이 아니며 서얼(庶孽, 첩에게서 난 서자와 그의 자손들)에 불과한 것입니다.

이것을 처음부터 잘 분별하고 정밀하게 선별하지 않는다면, 객이 주인을 올라타는 일이 벌어지고 서얼이 종갓집 주인 행세를 하는 일이 벌어질 것입니다.

학자들인 반드시 맹동(萌動, 싹이 남, 생각이나 일이 시작됨)의 기미를 잘 물어서 마음의 향배를 살피는 바 곧고 바르게 나아간 것은 천리요, 곁으로 어긋나게 돌출한 것은 인욕이니, 곧게 나아간 것은 선이 되고, 옆으로 비뚤어지게 자란 것은 악이 됩니다.

따라서 곧게 나아간 자는 자라도록 돕고, 곁으로 나온 자는 절연히 잘라내서, 이 공력이 이미 지극하다면 마음이 발하는 것이 자연스럽게 하나의 길이 되어 천명을 보존하고 유지하게 될 것입니다.

따라서 미발 전에는 선만 있고 악이 없으니, 정자가 말한바 사람의 본성(本性) 중에 처음부터 선과 악이 상대(相對)해 생겨나는 것은 아니라는 말씀이 바로 이것을 일컬은 것입니다.

만약 선과 악이 동서와 같이 상대하는 것이고, 피와 아가 서로 대립하며 서 있는 것이라면, 이것은 천리와 인간의 욕심이 동일한 근원에서 나온 것으로 미발의 전에 이미 양단을 구비하고 있는 것이니 천명의 본성이라는 것도 오염되고 잡스러운 것이라 할 것입니다. 이것이 호굉의 체는 같은데 용만 다를 뿐이라는 말과 상통하는 오류가 될 것입니다."

주자가 답하기를 "이 말이 옳구나" 했다.

◇◇◇◇◇◇◇◇◇◇◇◇◇

趙致道問於朱子曰 周子云誠無爲幾善惡 此明人心未發之體 而指已發之端 蓋欲學者致察於萌動之微 知所決擇而去取之 以不失乎本心之體而已 或疑之 以謂有類於胡子同體異用之云者 遂妄以意揣量爲圖如后

善惡雖相對 當分賓主 天理人欲雖分沠 必省宗孼 自誠之動而之善 則如木之自本而榦 自榦而末 上下相達者 則道心之發見 天理之流行 此心之本主 而誠之正宗也 其或旁榮側秀 若寄生疣贅者 此雖亦誠之動 則人心之發見 私欲之流行 所謂惡也 非心之固有 蓋客寓也

非誠之正宗 蓋庶孼也 苟辨之不早 擇之不精 則客或乘主 孼或代宗矣 學者能於萌動幾微之間 察其所發向背 凡直出者爲天理 旁出者爲人欲 直

出者爲善 旁出者爲惡

而於直出者 利道之 旁出者 遏絶之 功力既至 則此心之發 自然出於一途 而保有天命矣

於此可見未發之前 有善無惡 而程子所謂不是性中元有此兩端相對 而生者 蓋謂此也 若以善惡爲東西相對 彼此角立 則是天理人欲同出一原 未發之前 已具兩端 所謂天命之性 亦甚汙雜矣 此胡氏同體異用之說也 朱子曰 得之

이 글에서 조치도는 선과 악의 개념을 주인과 손님으로 구분했다. 성(誠)으로부터 출발한 선(善)은 집의 본래 주인이고, 악은 성에서 나왔다 하더라도 잠깐 스쳐가는 객일 뿐이니 둘을 같은 반열에 놓고, 둘이 상대(相對)하는 이항 대립(二項對立, binary opposition, 2가지 대립적인 요소가 하나의 짝을 이룸)적인 것으로 볼 수 없다는 말이다. 즉 선과 악이 서로 대대 관계로 상대방에게 의지해서 생기는 관계가 아니다. 악이 선을 기반으로 생기는 것도, 선이 악을 기반으로 생기는 것도 아니다. 성에서 출발한 것 중에 정통적인 것이 선이고, 돌연변이로 측면에서 잠깐 생겼다가 사라지는 것이 악이다.

서로 동일한 반열에 있는 모순적인 관계, 대대(待對) 관계로 해석한다면 상대방이 있어야 내가 있는 것이므로, 악은 선이 탄생하기 위한 필수불가결한 존재가 된다. 하지만 주객 관계로 생각하면 악은 생길 수도 있고 생기지 않을 수도 있으며, 생겼더라도 잠시 기숙(寄宿)했다가 곧 방을 비우고 나가야 하는 존재니 오래갈 수 없다.

『역경』과 연결시켜보면, 태극(太極)이 성(誠)이라고 할 때 태극에서 출발한 음양이 악과 선으로 해석될 수는 없다. 음양은 밤과 낮이나 여성과 남성이 될 수는 있어도 악과 선은 될 수 없다. 밤이나 여성이 악이 아닌 것처럼 말이다. 악의 위치는 잠시 기생하는 혹 같은 군더더기나 객의 위치가 가장 적절한 것이다.

서얼에 관한 비유는 당대에는 합당했을지 모르나 현대 사회에는 맞지 않는 비유다. 다만 성현들이 전하려고 한 근본 취지만 잘 수용하면 될 것이다.

매사에 근본이 있고, 근본을 바탕으로 만들어진 주류가 있다. 상품으로 따지면 정품이 있고, 정품을 모방한 모조품이 있다. 원석으로 만들어진 보석이 있고, 플라스틱으로 요란하게 만들어진 이미테이션의 차이만큼 큰 것이다.

자연과 인간을 대립되는 관계로 바라보고, 선과 악을 대립되는 관계로 보는 이원론적인 사고방식이 아니라 전체적이고 순환론적인 관점으로 자연과 인간을 바라보는 동양 철학이 선악을 바라보는 방식이 이런 것이다.

성의정종(誠之正宗)은 분명하다. 천지에서 나온 만물의 영원한 주인은 언제나 선이다. 악은 동서나 피아처럼 선의 상대 개념이 아니다. 악(惡)은 글자의 모양처럼 주류의 마음이 아닌 아류의 마음, 아심(亞心)에 불과하다.

악에 대한 두려움도 죄책감도 가질 필요가 없다. 늘 기억, 죄책감, 두려움을 비우고 온전한 마음으로 오늘 하루 지금 여기를 주인공으로 살아라. 그것이 신독의 가르침이다.

마음의 얼룩들

6장에서는 멈춘 이후 마음을 비우는 방법에 대해 생각해보고 있다. 본성, 즉 진짜 나를 찾는 지름길이 신독이라고 했다. 진정한 나는 어떻게 만날 수 있는가?

비운다는 것은 내 마음을 모두 비우는 것이 아니라 마음의 얼룩들을 지워서 온전한 마음이 드러나게 하는 것이다. 마음의 얼룩을 지워야 진짜 마음, 본마음, 본성이 드러나게 된다. 마음의 얼룩을 지워서 진짜 마음, 본마음, 도심이 드러나게 하는 것이다. 얼룩을 지워서 도심이 드러나게 해야 주인공이 된다.

우리 마음에는 어떤 얼룩들이 있을까?

『대학』은 말했다.

자기 자신에게 자신의 마음에

분치(忿懥, 분노와 성냄)가 있으면 바를 수 없고,

공구(恐懼, 공포와 두려움)가 있으면 바를 수 없고,

호락(好樂)이 있으면 바를 수 없고,

우환이 있으면 바름을 얻을 수 없다.

◇◇◇◇◇◇◇◇◇◇◇◇

身有所忿懥 則不得其正 有所恐懼 則不得其正 有所好樂 則不得其正 有所憂患 則不得其正

이러한 4가지는 마음을 잃게 만든다. 분노나 공포, 근심 걱정, 호락 같은 욕심과 정욕에 빠져 있으면 온전한 마음을 잃게 되니 마음을 올바로 사용할 수 없게 한다. 즉 그릇된 마음을 비우지 않으면 바른 마음이 사라지고 마는 것이다.

따라서 마음을 바르게 하는 것, 마음을 실질적으로 존재하게 하는 것은 그릇된 마음을 비우는 것으로 가능하다. 마음의 얼룩을 지우는 것이다.

『대학』은 말한다.

"수신은 그 마음을 바르게 하는 데 있다.(所謂修身在正其心者)"

수신의 핵심은 신독이다. 그리고 여기서 정심(正心)은 정직과 뉘앙스가 다르다. 마음을 바르게 하는 것은 마음을 바로 세운다는 뜻이다. 경이직내 즉, 경(敬, 경건함, 삼감)으로 마음을 바로 세운다고 했으니 마음의 온전한 모양을 유지한다는 것이다.

신독으로 삼가는 것은 마음을 바르게 하는 것이며, 마음을 바르게 한다는 것은 마음을 비우는 것이다.

그렇게 해서 내 삶의 주인공이 된다.

마음이 없으면 보여도 볼 수 없고, 들려도 들을 수 없고, 먹어도 그 맛을 모른다. 마음을 잃으면 자기 자신을 검속하지 못하니 경으로 마음을 바르게 한다. 이후에 마음이 항상 존재하니 수신하지 못하는 바가 없다.

◇◇◇◇◇◇◇◇◇◇◇◇

心不在焉 視而不見 聽而不聞 食而不知其味 心有不存則無以檢其身 是

以君子必察乎此 而敬以直之 然後此心常存 而身無不修也

경(敬)은 곧 근(謹)이요 신(愼)이다. 흠(欽)과 함께 과거에는 이 글자들을 모두 삼간다, 공경한다는 의미로 사용했다. 신독으로 헛된 마음을 닦아내고 비워내면 마음이 항상 존재하게 된다. 그것이 도심이다. 도심을 찾으면 무엇을 하는가? 그때 다시 온갖 뜻과 생각과 감정이 각자의 기질과 세상을 만나 일어나는데 그것이 바른 인심이고, 인심이 중화의 달도(達道)와 통하는 것이다.

동감과 공감

자아를 비우고 공을 활용하는 주인공이 된다는 것을 현실에 적용해보겠다.

대학교 때 같이 교양 수업을 듣는 여학생 중 사회복지학과 학생이 있었다. 우리는 같은 조원이 되면서 꽤 친해졌다. 그녀의 봉사 활동에 대해 수업 들어가기 전 복도에서 이것저것 물어본 적이 있다.

그녀가 친절하게 해준 답변 중 마지막 한마디가 지금도 귓가에 쟁쟁하다.

"다른 사람을 돕고 싶다는 마음과 실제로 돕는 것은 다릅니다."

그 말은 후일 되새겨보면, 심리학에서 말하는 동감과 공감의 차이에 대해 말한 것이었다.

동감(Sympahy)과 공감(Empahty)은 다른 것이다.

동감은 싱크로나이즈(synchronize), 즉 하나가 되는 것이다. 우리는 영화나 드라마 등을 통해서 동감을 숭고하게 생각한다. 하지만 동감만으로는 부족하다. 동감을 넘어서 공감할 수 있어야 한다.

동감은 유효 기간이 짧다. 동감의 시간을 오래 버티기는 힘들기 때문이다. 물론 가족들의 경우 동감을 지속하는 경우도 있다. 혹은 동감에 빠져들기도 한다. 하지만 위험하거나 당사자에게는 큰 도움이 안되는 경우가 많다.

동감은 상대방의 고통을 함께 느끼는 것이다. 그러다 거기에 함몰되면 자신도 고통을 느끼고 괴로워한다.

흔히 이런 질문들을 한다. "물속에 빠졌을 때 누구부터 구할 것이냐?" 이 질문에는 사전 질문이 있어야 하는데 모두 감정 과잉에 빠져서 아무도 그 질문을 하지 않는다.

"나는 수영을 정말 할 줄 아는가? 수영 실력이 어느 정도인가"라는 질문이다.

수영 실력이 전무한데 무조건 두 사람을 구하러 뛰어들면 죽는다. 이것은 사랑하는 사람이 원하는 일이 아닐 수도 있다.

감정 과잉은 현실을 제대로 보지 못하게 한다. 서두르게 하고 지혜가 흐려지게 한다. 전쟁터에서 총 맞은 환자를 치료하는 의사는 냉철해야 한다. 한 환자만 오래 붙들고 있을 수는 없다. 한 사람이라도 더 구하려면 그 환자가 어떻게 부상을 당했는지, 어떻게 징집이 되었고, 왜 살아서 돌아가야 하는지 등의 이유를 들을 시간이 없다.

그런데 어떤 동감의 달인인 의사가 환자가 총 맞은 고통을 그냥 보고 있을 수 없다고, 나만 편하게 의사 노릇을 하고 있는 게 괴로우니

나도 총을 맞은 채 치료하겠다고 자기 다리에 총을 쏜다면 우리는 어떻게 생각할까? 의사는 절대적으로 건강해야 한다.

남을 돕는 것도 자신을 돕는 것도 건강한 자기가 있을 때 가능한 일이다.

그래서 동감을 넘어서 공감해야 한다는 것이다. 공감은 그 아픔을 같이 느끼되, 건강한 자기 자신으로 돌아와서 대책을 세우고 행동에 옮길 수 있는 것이다. 치료법을 찾고 실천하는 것이다. 사랑하는 사람이 혹은 익명의 누군가의 고통을 보고, 아파서 죽을 것 같은 마음으로는 아직 멀었다.

그런 사람은 쉽게 뛰어들었다가 쉽게 포기하고 도망간다. 아픔을 느끼며 한 발 물러서서 사태를 객관적으로 볼 수 있는 용기가 필요하다. 건강한 자신으로 돌아와야 한다. 아픔에 동감하는 사람과 건강한 자신이 병행하는 것이 공감이다. 그 사람은 냉정하게 실질적으로 도울 방법을 찾는다. 그리고 휴식할 수 있는 자신이 있기에 지속적으로 도울 수 있다. 그것이 진정한 용기이고 진정한 도움이다. 건강한 자기 자신으로 돌아온다는 것, 그것이 주인공으로 돌아간다는 것이다. 언제 어떤 경우든 삶에서 한 발 물러서 메타 자아(meta-self, 초월적 자아)가 될 수 있어야 한다. 그것이 주인공의 길이다.

애정 문제도 그렇다. 헤밍웨이는 사람이 누군가를 사랑하지 않는 것이 상대방을 더 사랑하는 방법이라는 것을 알면서도 그렇게 하지 못한다고 이야기했다. 그것은 상대방에게 감정적으로 깊이 빠져 있으면 오히려 상대방이 원하는 것을 정확히 알지 못한다는 의미다.

상대방을 좋아하되 오히려 한 발 물러서 있을 때, 상대방에게 진정

필요한 것이 무엇인지 알 수 있다. 그렇게 자신만의 감정에서 물러나 상대방을 자신의 소유가 아니라 객관적인 대상으로 바라볼 수 있다는 것은 상대방에게 실질적으로 도움이 된다. 또한 하나가 되는 것이 아니라 언제나 둘로 남아 상대방의 영역을 존중하기에 자신의 생활이 망가지거나 상대방에게 함부로 대하지 않는다. 먼저 주인공의 자리에 선 후 감정을 발휘하는 것이다. 이것이 마음이 싹트는 곳을 삼가 마음을 참되게 하는 것이다. 먼저 도심이 된 후 인심을 발휘하는 것이다.

자립적인 주인공들끼리는 연애 관계도 언제나 신선한 관계를 유지할 수 있다. 물론 연애뿐 아니라 주인공으로 사람을 대하는 태도, 사람과 관계 맺는 방법이 모두 이러하다. 나를 비우고 새롭게 해서, 한 발 물러서 언제까지나 내가 내 마음의 주인이 될 수 있게 하는 것이 신독의 기술이다.

탈을 벗다

마음의 방을 차지한 잡동사니, 마음의 유리창에 낀 얼룩들의 근본인 자아의 실체에 대해 또 다른 이야기를 통해서 좀 더 생각해보자.

어렸을 적 읽었던 동화 중에 소가 된 아이에 관한 이야기가 있다. 옛날 어느 마을에 아주 게으른 아이가 있었다. 꼴을 베러 가지도 않고, 서당에 나가지도 않았다. 늦게까지 잠자고 밥 먹고 빈둥거리기만 했다. 엄마의 잔소리가 듣기 싫어지면 밖으로 나가서 놀았다. 그러던 어느 날 건넛마을에 놀러 가려다 산에서 하얀 수염을 기른 노인을 만났다. 노인은 소가죽을 깔고 앉아서 나무로 소의 머리를 깎고 있었다. 뿔도 있고, 콧구멍도 있었다. 머리 안쪽 부분을 파서 탈처럼 쓸 수 있게 만들고 있었다.

아이가 뭐냐고 묻자 소의 탈을 쓰면 평생 빈둥거리면서 편안히 먹고살 수 있다고 했다. 아이는 냉큼 탈을 썼는데 그만 소가 되어버렸다. 말을 하면 소 울음소리가 났다. 노인은 지나가는 상인에게 소를 팔면서 당부를 했다. 마음껏 부려도 좋은데 무를 먹으면 소가 죽는다는 것이다.

밤낮으로 일하던 게으름뱅이 아이는 지난 삶을 후회했다. 하지만 아무리 뼈아프게 눈물을 흘리고 좌절하고 마음을 고쳐먹고 열심히 일해도 사람이 될 수는 없었다. 결국 죽기로 마음먹고 무를 먹었다. 그랬더니 거짓말처럼 탈이 벗겨졌고 사람으로 돌아갈 수 있었다.

우리는 삶의 대부분을 탈을 만들고 그 탈 속으로 자신을 끼워 넣는 데 시간을 보낸다. 그러다 어느새 그 탈이 딱 달라붙어서 벗을 수 없게 된다. 탈이 나고 내가 탈인 기묘한 경지가 되는 것이다.

그것을 심리학 용어로 동일시라고 한다. 하지만 그것은 동일시일 뿐이지 동일한 것은 아니다. 매일 자신이 아닌 것으로 사니까 괴롭다. 자신이 끼워 맞춰야 할 탈을 만들고, 그 탈에서 벗어날까 봐 안절부절 못하고 그 탈의 일부가 되어서 사는 것이다.

그래서 삶이 재미가 없고 지겹고 불편한 것이다. 그런데 이 괴로움은 우리에게 익숙한 것이 되어버렸다. 폭력 부모 밑에서 자란 아이가 폭력적인 성인으로 자라나 스스로 익숙해진 지옥 속에서 벗어나지 못하는 것처럼 우리는 자아라는 질병에 지독히 물들어 있다. 환자에게는 약이 필요하다. 우리는 진짜 자신으로 사는 훈련을 적극적으로 해야 한다.

부장으로, 대리로, 아버지로, 딸로, 학생으로, 선생으로, 좌파로, 우파로, 무슨 주의자로 살아가는 것이다. 목회자로, 상담사로, 스승으로, 제자로, 성인군자로, 사기꾼으로 자기 스스로 자신에게 규정한 무엇인가로 살아간다.

멧새는 간교한 뻐꾸기가 둥지에 놓고 간 뻐꾸기 알을 자신의 알이라고 착각한다. 자기보다 덩치가 큰 뻐꾸기 새끼의 배를 채우기 위해 멧새는 매일 죽을 둥 살 둥 먹이를 물어 온다. 진짜 자신의 것이 아닌 간교한 무엇인가를 위해 모든 생을 바친다.

우리는 탈의 배를 채우는 것을 자신의 배로 채우는 것으로 착각하면서 산다. 심지어 자유주의자로 살아가는 것도 하나의 주의자일 뿐이다. 예술에서도 의미와 도그마를 해체하는 것에만 연연하면, 그 해체 자체가 하나의 도그마가 되고, 상정(想定)된 의미이며, 한계가 되는 것처럼 말이다.

그게 바로 페르소나(persona), 가면(假面)과 자신의 동일시다.

그 동일시가 일생을 지겹게 하고 지겨움을 넘어 죽음에 이르는 병인 불안을 가져다준다. 불안과 노동과 지겨움, 두려움 등 지독한 고통이 계속되어서 이러지도 저러지도 못하면 그제야 차라리 자아의 죽음을 선택하는 무를 먹게 되니, 그것이 바로 절대적인 만남으로 가는 내면을 향한 길이다.

나비가 된 잠수부

호접몽(胡蝶夢)이라는 장자의 나비 꿈에 대한 이야기는 알고 있을 것이다.

어느 날 장주(莊周)가 나비가 된 꿈을 꾸었는데, 훨훨 날아다니며 자신이 장주임을 몰랐다. 문득 깨어나 보니, 다시 장주가 되었다. 장주는 자신이 나비가 되는 꿈을 꾸었는지 나비가 장주가 되는 꿈을 꾸었는지 알 수가 없었다.

사람이 죽으면 영혼이 나비가 된다는 말이 있다. 봄 햇살에 반짝이는 나비의 날개처럼 반짝이는 빛이 되어 천상으로 날아오른다는 뜻이리라. 나비가 된 한 잠수부의 이야기를 알고 있는가?

1952년 파리에서 태어난 장 도미니크 보비는 패션 잡지 《엘르》의 편집장이었다. 보비는 현대 사회에서도 가장 변화가 빠른 세상을 살던 사람이다. 그러다 1995년 12월 갑자기 뇌졸중으로 쓰러졌다. 20여 일이 지난 후 의식을 회복했지만 움직일 수 있는 것은 왼쪽 눈꺼풀밖에 없었다. 다른 사람의 도움을 받아 15개월 동안 20만 번 이상의 눈깜박임으로 『잠수부와 나비』라는 책을 썼다.

장 도미니크 보비는 책에서 추억 속을 떠돌다가 자물쇠로 가득 찬 이 생에서 나의 잠수종을 열어줄 열쇠를 찾아 그곳으로 간다는 글을 남기고 한 마리 나비처럼 훨훨 저세상으로 떠났다. 우리 역시 육체라는 잠수복을 입고 있는 것은 아닌가?

보비의 잠수복 비유는 융의 책에서 나타난다. 칼 구스타프 융은 1875년 스위스에서 출생한 심리학자다. 프로이트가 후계자로 점찍었지만 프로이트 이론에 반기를 들고 집단 무의식 개념을 만드는 등 심리학계에서 자신만의 일가를 이루었다.

융은 어느 날 꿈속에서 여기저기를 여행하고 있었다. 그러다 어떤 작은 거리의 언덕을 지나고 있었는데, 햇빛이 쏟아지는 곳에서 넓은 거리를 만나게 되었다. 그 거리를 걷다 작은 예배당에 이르러 반쯤 열린 문을 당겨 안으로 들어갔다. 제단에는 성모 마리아도 십자가도 없었고, 화려한 꽃들만 아름답게 정리되어 있었다.

그 제단 앞에는 요가 수행자 한 사람이 가부좌로 앉은 채 융을 향해 깊은 명상에 잠겨 있었다. 융은 호기심이 생겨 점점 그 요가 수행자 앞으로 다가갔다. 차츰 그 수행자와 얼굴이 가까워졌는데, 그 얼굴은 바로 융의 얼굴이었다. 융은 큰 충격을 받고 깨어나 번득 어떤 생각이 들었다. 그 사람은 나를 명상하고 있었구나. 그가 깨어난다면 나는 존재할 수가 없겠구나.

융의 깨달음은 이런 것이었다. 융 자신의 무의식 속에서, 자신의 꿈속에서 그 수행자를 만난 것이 아니라 다른 고차원의 세계에서 수행자가 꿈을 꾸고 있고, 그 꿈의 3차원적인 형태가 바로 지금의 융이라는 것이다.

융은 그것은 마치 어떤 사람이 물속에 들어가기 위해 불편하게 잠수복을 입는 것과 같다고 비유했다. 그러한 잠수라는 행위가, 수행자가 융이 되기 위해 세속적인 육체를 갖게 되는 것과 같은 것이다.

누구나 이 불편한 잠수복에서 벗어날 날이 올 것이고, 그때 의식이 이상한 동일시에 빠져 구천을 헤매는 것이 아니라 나비처럼 날아오르려면 우리는 자신의 의식을 보다 발전시키고, 고도화시킬 필요가 있다. 그것이 바로 절대적인 나를 만나 자립하는 것이다. 그것이 곧 절대적인 동시에 고유한 나로 존재하는 것이다.

한편 융은 직접적으로 우리가 어떤 군중이나 정치권력과의 열광적이거나 망상적인 동일시에서도 벗어나야 한다고 말한 적도 있다.

한 나라의 지도자 혹은 종교 지도자가 시민을 훈련하고 국가를 위해 조직화된 몰개성적 사회로 만들려고 한다면 부잣집 개돼지처럼 잘 먹이더라도 비판받을 수밖에 없을 것이다. 아무리 위대한 지도자라 할지라도 그 지도자의 입맛에 맞는 신민들이 길러지기를 바라면 안 된다. 그런 사회는 많은 검열과 통제가 있기 마련이다.

훈련이 되면 나중에는 누가 시키지 않아도 인간은 사회적으로 훈련된 자아와 자신을 동일시한다. 또한 검열과 통제가 없어도 재화를 배분하는 것을 불균형하게 조정하고 미디어를 통해 문화가 형성이 되면 역시 인간은 사회적 자아와 자신을 동일시하게 된다.

이런 동일시는 자기를 돌아볼 시간이 없게 만든다. 성찰할 여유가 없게 만드니, 무의 상태를 경험할 수 없게 한다. 개인의 노예화와 동일시는 서로 맞물려 돌아간다. 많은 엘리트 집단, 우리 사회의 기계 야수들은 이것을 의식적으로 혹은 본능적으로 잘 알고 있다.

융은 자아가 사회에 함몰되는 것을 매우 경계했다. 자기가 사회적 자아와 동일시하는 것이 위험하다는 것이다.

융은 말했다. "공동체는 모든 개체가 자신의 개성을 기억하고, 다른 사람과 동일시되지 않는 곳에서만 꽃피울 수 있다. 개체가 어떤 이유에서든 사회와 자신을 동일시하거나, 사회가 개체를 동일한 인간 집단으로 만들려고 할 때, 인간은 자기를 상실한다. 이러한 동일시는 삶을 고통스럽게 하고, 지루하고 재미없고, 공허한 것으로 만든다."

그래서 우리는 무를 먹어야 한다. 우리가 잠수복을 벗으려면 자신과 동일시하는 자신의 탈을 무(無)로 만들 필요가 있다는 말이다. 세상을 긍정적으로 살아가려면 자아와 이성으로부터 한 발 물러서는 방법을 알고 있어야 하고, 진실로 그것을 경험해야 한다.

자아의 틀

한 소년이 있었다. 그 소년은 공부는 잘 못했지만 그림을 그리는 데는 탁월한 소질이 있었다. 소년은 공부를 못한다고 매일 구박을 받았다. 그래서 부모는 따로 교사를 붙여주었다. 교사는 소년에게 기초부터 가르쳐야겠다고 유치원 수준의 문제들을 냈다.

어느 날 별, 원, 사각형, 삼각형 구멍이 뚫린 판과 조각들을 주면서 아이에게 모양별로 맞춰서 판에 집어넣어 보라고 했다. 교사가 자리를 비운 사이 아이는 망치로 판을 때려 부순 다음 큰 구멍을 만들고 우르르 다 집어넣었다.

물론 이런 짓을 해서는 안 되겠지만 우리의 이성, 인식의 도구와 세상에서 만나는 사건들의 관계도 이런 것이다.

내 인식 틀이 삼각형으로 생겼는데 별 모양의 일이 벌어지면 우리는 갈등하고 괴로워하는 것이다. 다행히 삼각형 모양의 일이 벌어지면 잘 해결할 수 있겠지만 그건 요행일 뿐이다. 세상일이라는 게 내 마음에 맞는 것만 다가오지 않는다는 것을 우리는 잘 알고 있다.

우리는 그 다가오는 사건, 우리에게 벌어지는 일들의 모양에 맞게 인식의 틀을 바꿔야 한다. 그래서 고정관념, 선입견이 위험한 것이다. 그리고 인식의 틀 자체에 대해서도 다시 생각해봐야 한다. 할 수만 있다면 도끼로, 망치로 우리의 인식 틀 자체를 때려 부수는 것이 좋다. 그 인식의 틀을 무(無)로 만드는 것이다. 그게 바로 자신이 갇힌 자신만의 알에서 깨어나는 것이다.

우리는 탈의 노예가 되어서는 곤란하다. 지금은 고인이 되었지만, 한마음선원의 창립자로 유명한 대행 스님은 나라는 생각을 버리고 만사를 주인공에게 맡기면 노예 상태에서 벗어나 대자유를 얻을 수 있다고 했다. 유교의 본성(本性)에 해당하는, 불교의 불성(佛性)을 주인공이라고 표현한 것이다.

소년이 무를 먹고 탈을 벗을 수 있듯 우리는 이 무(無)를 잘 활용해야 한다. 무란 허무가 아니라 탈과 오염된 얼룩을 무화시키는 것, 그것을 없애서 본연의 모습을 잘 드러나게 한다는 말이다. 선입견과 편견으로 가득 찬 자아의 틀을 부숴야 한다. 그래야 우리에게 다가오는 것이 무엇이든 그 자체로 온전하게 경험하고 인식할 수 있다.

당위의 횡포

유교에서는 사리사욕을 버리고 천리를 따르는 것이 공(空)과 통한다. 『논어』를 보면 공자는 4가지를 끊어냈다고 한다. 의필고아(意必固我)가 그것인데, 의는 인위적인 의도를 갖는 것이고, 필은 반드시 해야 한다는 당위의 마음, 고는 고집스럽게 집착함, 아는 사사로움이다. 그래서 공자는 무의, 무필, 무고, 무아 했다고 한다.

인위적인 의도를 갖지 않는다는 것이 어려운데 여기에 대해 주자는 이렇게 설명했다.

"인위적인 의도를 갖지 않는다는 것은 자신의 뜻으로 일을 처리하지 않고, 도리에 비춰 옳은가를 살피는 것이다. 도리에 비춰 옳다고 믿으면 이치를 따라 해 나가는 것이니 여기에는 사심이 있을 수 없다.(所謂毋意者 是不任己意 只看道理如何 道理當如此 便順理做去 自家無些子私心)"

이 말은 우리가 흔히 기독교에서 접하는 "저의 뜻대로 말고, 주의 뜻대로 하옵소서", "주의 뜻대로 이뤄지게 하옵소서"라는 기도문과 흡사하다. "네 행사를 주님께 맡기라"는 말도 있다.

주자는 안배(安排), 포치(布置)로 이 사의(私意)에 대해 설명했다.

"조금이라도 안배하거나 포치하는 마음이 있다면 이것은 천리에 맡기는 것이 아니라 사사로운 뜻에 맡기는 것이니 이것이 우연하게 도리에 부합되더라도 역시 사사로운 뜻에 불과할 뿐이라고 했다.(若纔有些安排布置底心 便是任私意 縱使發而偶然當理 也只是私意)"

안배는 자기의 욕심에 따라 고르는 것이다. 포치는 배치로 역시 자신의 욕심에 따라 위치를 마음대로 정하는 것이다.

사람이 뜻으로 움직이는데 어찌 뜻이 없을 수 있겠는가? 다만 도심을 먼저 생각하고 인심을 발휘해야 한다는 말이다. 도리에 비춰 올바른 일을 행하면 사적인 이익은 저절로 따라오게 되어 있다. 사적인 이익에 눈이 멀어 도리를 도외시하면, 일도 그릇되게 될 뿐 아니라 반드시 그 대가를 치르는 법이다.

주자는 더 나아가 혹시 사익을 추구한 것이 우연찮게 도리에 맞았다 해도, 그 허물이 없어지는 것은 아니라고 했다. 앞서 자아의 틀에서 내 인식의 틀이 별 모양으로 생겼는데, 우연히 별 모양의 일이 벌어지면 일을 잘 처리하겠지만 그것은 요행에 불과한 것이라고 했다. 어쩌다 운 좋게 일어나는 것이니 그것은 역시 사사로운 뜻에 불과한 것이고, 이 성공이 후일 자아를 고집한 대가를 더 치르게 할 수 있다.

한편 필(必)과 고(固)는 서양 심리학에서 말하는 당위의 횡포라는 개념을 생각나게 한다. 정신 분석 계열의 심리학자 카렌 호나이(1885~1952)가 말한, 당위성의 횡포는 인지 심리학 계열인 앨버트 엘리스(1913~2007)의 비합리적 사고의 개념과도 통하는 것이다.

당위성의 개념은 우리가 삶을 살면서 마땅히 이렇게 해야 된다로 생각하는 당위가 우리를 힘들게 하는 것이다. 당위성의 횡포로 인해서 우리는 신경증 환자가 된다. 이러한 비타협적인 자아상이 우리 기질의 왜곡을 일으키는 것이다.

엘리스 역시 당위성을 비합리적인 신념으로 보고, 이런 당위주의가 우리를 파멸로 몰아간다고 역설했다. 당위성에는 3가지가 있는데 자신, 타인, 조건에 대한 당위성이다. 나는 이런 사람이어야 한다, 나는 잘못하면 안 된다는 당위성, 타인에 대해서는 친구니까, 가족이니까 이래야 한다는 당위성, 조건은 나의 집은 깨끗해야 한다, 나의 재력은 이 정도는 되어야 한다는 당위성, 이러한 당위성이 정신 장애를 일으킨다고 보았다. 『논어』에서 말하는 의필고아가 정신 질환을 일으킨다는 것을 서양 심리학자들도 잘 간파하고 있었다.

자아, 번뇌의 뿌리

누군가 주자에게 앞의 4가지를 끊어내는 것에 대해 물었다. 주자는 이렇게 답했다.

모름지기 4가지는 서로 얽혀 있다. 사람이 일을 벌일 때, 먼저 그 뜻을 일으킨다. 그런데 이 뜻을 일으킬 때, 그 옳고 그름의 이치는 따지지 않고, 반드시 그 일을 이뤄내려고만 한다. 일이 이뤄지고 나면 다시 그 일에 집착해 변화에 적응하지 못한다. 이것을 고라고 한다. 이 3가지는 다만 아(我) 하나를 성취하기 위한 것이다. 그러면 아라는 근원은 더욱 커지게 된다. 잠깐 사이에 이 3가지는 모두 아라는 근원으로부터 출생하는 것이니 아는 의를 낳고, 의는 필을 낳고, 필은 고를 낳고, 다시 아로 돌아와서 귀숙하게 된다. 이것은 마치 『주역』의 원형이정과 같아서 원이 지나면 형이, 형이 지나면 리가, 리가 지나면 정이 되는 것처럼 순환하는 것이다. 다만 선함과 불선함의 차이가 있을 뿐이다.

◇◇◇◇◇◇◇◇◇◇◇◇◇

須知四者之相因 凡人作事 必先起意 不問理之是非 必欲其成而後已 事旣成 又復執滯不化 是之謂固 三者只成就得一箇我 及至我之根源愈大 少間三者 又從這裏生出 我生意 意又生必 必又生固 又歸宿於我 正如元亨利貞 元了亨 亨了又利 利了又貞 循環不已 但有善不善之分爾

원형이정이란 『역경』에 등장하는 개념으로 생명이 태어나고 자라고 결실을 맺고 바른 도를 지키는 과정으로 순환하는데, 춘하추동(春夏秋冬)에 비유하기도 한다.

의필고아의 뿌리는 아다. 아에 대한 강렬한 애착이 도리를 벗어난 사사로운 뜻을 일으키고, 그것은 반드시 이루고 만다는 의지와 당위의 마음을 갖게 하고, 그것이 성사되고 나면, 자신의 성과에 집착해 주위와 조화를 이루려고 하거나 시절의 흐름에 따라 변하려고 하지 않으며 고통을 겪게 된다. 그 고집은 다시 아를 강화시킨다. 강화된 아는 또 고집을 만들어낸다. 이렇게 강화된 자아는 자신을 세상에 허덕이면서 살게 하고 사람과 갈등을 일으키게 하는 것이다. 진정한 자신인 천리를 바탕으로 한 개성적인 주인공으로 살 수 없게 한다. 따라서 공자처럼 의필고아, 핵심인 아가 모든 망상의 뿌리라는 것을 알고 매일 매 순간 그것을 버리고 떠나야 한다. 그것에 천착하는 것을 비워야 한다.

우리는 우리의 사고가 아니다

인지 심리학 계열에 속하는 존 카밧진이라는 심리학자가 있다. 매사추세츠대학교 의과대학 명예 교수로 스트레스 완화 클리닉의 설립자다. 카밧진의 클리닉은 세계 각국의 군대, 학교, 병원, 교도소, 스포츠 팀 등에 활용되고 있다.

2차 세계대전 후 유럽과 미국에서 동양 철학에 대한 관심이 높아지면서 명상이 유행하게 되었다. 이런 분위기와 맞물려 미국의 생물학자이자 심리학자인 존 카밧진은 명상을 인지 치료의 틀에 통합하는 방식으로 큰 성과를 이룩했다.

카밧진 치료법의 핵심은 마음챙김인데 인도 철학에서 말하는 사티(sati, 알아차림), 불교 팔정도 중 정념(正念)과 매우 유사한 것으로 마음챙김을 통해서 명상 상태에 이르는 것으로 치료한다.

마음챙김은 육체, 생각을 초월하는 것인데, 그렇게 하기 위해 카밧진이 제시한 것은 판단하지 않는 방식으로 자신의 몸과 사고를 바라본다. 자신의 마음에서 일어나는 것을 그 자체로 관찰하고 무엇이 다가오든 거부하지 않고 특정한 무엇인가를 추구하지도 않으면서 흘러가는 대로 둔다.

이것은 칼 로저스가 세계를 있는 그대로 보고 마음을 열고 모든 순간을 온전히 경험하는 것이 훌륭한 삶이라고 말한 것과 같다.

크리슈나무르티 같은 철학자도 우리가 무엇인가와 동일시하는 것의 위험성을 지적했다. 이것은 우리가 사회적 자아, 즉 우리가 세상을 통해 익힌 특정한 관념과 우리 자신을 동일시하는 것을 멈추고, 그것을 주인공의 연장과 같은 지위로 내려놓아야 한다는 것이다.

마음챙김 역시 우리의 사고 과정을 자신과 동일시하지 않고, 그것을 차분히 관찰하는 것, 즉 인지의 과정을 흘러가는 대로 바라봄으로써 우리가 주인공으로 다시 돌아오게 하는 것이다.

이러한 마음챙김을 실용적으로 생각해보면, 자신에게 일어나는 부정적인 생각들을 하나의 결론으로 보는 것이 아니라 지나가는 사건으로 바라본다. 이런 훈련들을 통해 우리는 얼룩진 자아를 비우고, 모든 것을 온전하게 바라볼 수 있다. 카밧진은 우리가 우리의 몸이나 생각 이상의 존재라는 것을 강조하며, 우리는 우리의 사고가 아니라고 역설했다.

우리는 동일시의 함정에서 벗어나 우리의 자아로부터 한 발 물러설 수 있어야 한다. 그것이 자아를 비우는 것이다. 그렇게 함으로써 메타 자아 즉, 초월적 자아가 드러날 여유를 주는 것이다. 그 초월적 자아가 나온 후, 개별적 자아가 나타나야 올바른 삶을 살 수 있다. 유교식으로 표현하면, 도심이 나온 후 인심이 나오는 것이다. 이 초월적 자아가 주인공이며, 신독을 통해서 도달한 성(誠)의 경지, 천인합일(天人合一)의 경지인 것이다.

신의 에너지에 접속하는 방법

정자는 말했다.

무엇인가에 천착(穿鑿)하고 얽매이는 것은 도리가 아니다. 도가 있고, 천리가 있으면, 하늘과 사람은 하나니 다시 분별할 필요도 없다. 천지에 가득 찬 기운(호연지기)이 바로 나의 기운이 된다.

◇◇◇◇◇◇◇◇◇◇◇◇◇

穿鑿繫累自非道理 故有道有理 天人一也 更不分別 浩然之氣 乃吾氣也

도가 있고 천리가 있으면, 즉 도리를 따르면 하늘과 사람은 분별되지 않으니 강력한 연결을 회복한다. 그렇게 천지와 접속하게 되면 천지의 기운이 바로 나의 기운이 되는 것이다.

유가에서 천지는 곧 상제이니 신이고 하느님이다. 이것이 신의 에너지에 접속하는 방법이다. 무엇인가에 천착하고 얽매이지 않는 것이다. 중용의 중이 무엇인가에 편중되거나 의지하지 않는 것이라고 했다. 중도란 여러 갈래로 나뉘지 않고, 오로지 한 가지만 정성스럽게 해 부족함이나 지나침이 없는 것이다.

여기서 정자의 말도 마찬가지다. 얽매임을 삼가야 한다.

과거에 했던 일에 얽매이거나 다가올 일에 얽매이거나 쾌락을 주는 것에 천착하지 말고 떠나야 한다. 천착하면 우리 자신이 현재, 지금과 분리되어 마음이 바르게 서지를 못하고 도리는 어두워진다.

늘 그렇게 떠나서 도리가 밝아지면 천지와 사람이 하나가 되니 천지의 기운이 내 것이 되어 호연지기(천지에 가득 찬 원기)로 충만하게 된다. 정자가 말한 하늘과 사람이 하나가 되어 분별할 필요도 없다고 하는 천인일야 갱불분별(天人一也 更不分別)은 10장의 지성여신(至誠如神), 인간이 지성을 발휘하면 신과 같아지고, 여천지삼(與天地參), 천지와 더불어 셋이 되어 천지인의 도리를 완성한다는 것과 일맥상통하는 구절이다.

『채근담』에는 이런 구절이 있다.

"바람이 성긴 대나무 숲에 불어온다. 바람이 지나가면 대나무 숲에는 소리가 남아 있지 않다. 기러기가 차가운 연못 위를 날아간다. 기러기가 날아가고 나면 연못에 그림자를 남기지 않는다. 군자도 이와 같으니 일이 오면 뜻을 일으켜 드러나지만 일이 지나가고 나면 마음이 비워진다."

이것이 가장 자유롭고 충만한 기운으로 살아가는 길이다. 마음을 어떤 시간에도 어떤 대상에도 붙들어두지 말라. 그것은 그림자를 남겨두려는 것처럼 어리석은 일이다. 오직 마음을 비워 남겨두지 않고 지금에만 충실하는 것, 한마음으로 한결같이 나아가는 것, 그것이 기러기처럼 바람처럼 자유롭게 날아다니는 일이다.

7장

일신지도(日新之道):
매일 새롭게 태어난다

매일 새로워진다

비운다는 것을 조금 다른 측면, 현실적인 측면에서 보면 새롭게 태어난다는 것이다. 하나의 이치가 시공의 기질을 만나 만 가지 도리로 펼쳐지는 것이다.

다음은 『대학』에 나오는 말이다.

"『강고』라는 고대 문헌에서 말하기를 백성이 새로워지기를 진작하라고 했다.(康誥曰 作新民)"

『대학』에서 이 고문헌을 언급한 이유는 주나라가 새롭게 나라를 세워야 할 천명을 받았다는 것을 말하기 위해서다. 『대학』의 이 문장 뒤에 나오는 이야기와 연결해 해석하면 이런 것이다.

주나라는 백성을 새롭게 깨우쳐 천명을 받으라. 밝은 덕을 밝혀, 백성을 새롭게 깨우쳐(혁명을 일으키고) 지선에 멈추게 하라. 어디에 멈출 바를 아는 것이 밝은 덕이다. 지선에 멈출 바를 안다는 그 밝은 덕을 스스로부터 밝혀서 백성들을 진작시켜 백성들도 그것을 알게 하고, 백성이 곧 하늘이므로 그 백성이 만든 천명을 받는다. 그렇게 밝히면 옛사람도 새로워지고 옛 나라도 새로워진다.

강고의 가르침은 국가 문제를 말한 것이지만, 이것을 수신제가(修身齊家)같이 개인 문제로 접근할 수도 있다. 역사도 묵은 역사를 씻어내고, 시쳇말로 적폐(積幣)를 털어내고 새 역사로 나아가야 하듯 개인도 마찬가지다.

『대학』에 있는 말이다.

탕왕(湯王)의 반명(盤銘)에 오로지 하루를 새롭게 하라. 하루하루를 새롭게 하고, 또 새롭게 하라고 했다.

◇◇◇◇◇◇◇◇◇◇◇◇

湯之盤銘曰 苟日新 日日新又日新

성왕으로 이름 높았던 은나라 탕왕의 욕조에 새겨진 글귀가 바로, 구일신 일일신우일신(苟日新 日日新又日新)이었다고 한다. 욕조에 새긴 이유는 매일 이 글을 보고 잊지 않고 각인시키기 위해서다. 마치 와신상담(臥薪嘗膽)이라는 고사의 나뭇더미 위에서 자고 쓸개즙을 맛보면서 복수의 의지를 잊지 않으려던 춘추 전국 시대의 이야기와 비슷하면서도 대비되는 이야기다. 그들은 남을 죽이기 위해 그렇게 했지만, 탕왕은 자신을 일깨우기 위해서 했다.

날마다 날마다 새롭게 태어나야 한다.

반드시 지켜야 할 무엇인가가 있다면 매일매일 되새겨야 한다. 그런 장치를 마련해야 한다. 인간은 망각의 동물이기 때문이다. 우리는 세면대 거울 앞에 어떤 글귀를 새길 것인가?

신(愼), 삼감은 이렇게 새롭게 하는 것이다. 삼간다는 것은 멈추고 이전의 것을 비워내는 것이다. 이전의 것을 비우는 것은 자신의 내면을 맑고 깨끗하게 하는 것이다. 그렇게 하면 내 마음, 내 내면이 바르게 되고, 온전한 에너지로 충실하게 된다. 그러면 오늘 지금 맞이하는 일들을 맞아서 유효적절하게 대처할 수 있다.

그렇게 자신을 새롭게 하는 것이 바로 신독이다.

홀로 있을 때 우리가 기도하고, 명상하고, 운동하거나 휴식하면서 머리를 비우고 그전에 있었던 일을 잊으려고 하는 것은 왜인가? 바로 무거운 묵은 생각과 피로를 씻어내고, 자신을 온전하고 깨끗한 에너지로 재충전하기 위해서다.

삼감이란 그런 것이다. 과거의 것을 멈추고 비우고 씻어내고 새로워지는 것이다. 그러면 정성스럽게 새로운 일에 임할 수 있다.

매일 매 순간 새로워지는 일신지도(日新之道)는 그래서 중요하다. 이것이 도심으로 돌아가 인심을 발휘하는 것이다. 공을 얻어 주인공이 되는 것이다. 공은 비움이란 의미와 충만한 에너지란 의미가 함께 있는 것이다. 노자가 『도덕경』에서 말한 현묘한 도와 같은 의미다. 신독이란 홀로 있을 때 나를 새롭게 하는 것이고, 내 마음을 청소해 늘 새롭게 살아가는 것이니 신독(愼獨)이란 신독(新獨)인 것이다.

창조적 휴식

우리는 종종 관성에 빠져서 일을 하다 실수를 한다. 혹은 일을 잘하다가도 큰 벽에 부딪친 것처럼 힘든 문제에 봉착하게 되고, 좌절하기도 한다. 일이든 공부든 어려운 과정이 반드시 있기 때문이다.

인간은 도식적으로 사고하므로 이럴 때 문제 해결에 어려움을 겪는 수가 많다. 그 문제에만 몰두하고 빠져 있다고 해서 해결되는 것이 아니다. 이때는 주위를 환기시켜주는 것이 좋다. 심리학에는 창조적 휴식이라는 개념이 있다.

독에 빠진 아이에 대한 동화가 있다. 아이들 여럿이서 놀다가 한 아이가 높이가 어른 가슴만 한 큰 물독에 빠져버렸다. 물에 빠진 아이는 숨이 넘어갈 지경이고 함께 놀던 아이들은 어쩔 줄 몰라 하고 있었다. 그런데 그중 현명한 한 아이가 돌을 집어던져서 항아리 아랫부분에 구멍을 냈다. 물이 흘러나왔고 아이는 살 수 있었다. 다른 아이들은 항아리 밖으로 아이를 끄집어낼 생각만 해서 방법을 찾지 못한 것이다. 항아리에서 당장 빠져나오지 않아도 물이 없으면 살 수 있다는 것은 발상의 전환이었다.

이러한 창조적인 사고방식은 수직적인 논리 구조를 벗어나서 가능하다. 집중 모드가 아닌 분산 모드에서 이런 창조적이고 수평적인 사고가 나온다.

그렇게 하려면 뇌를 제로(zero)로 세팅해주어야 한다. 그것이 바로 창조적인 휴식이다.

어려운 일을 잘 해결하고, 문제를 잘 해결하는 방법은 도식화된 고착화된 정신에서 벗어나게 하는 것이다. 이런 때는 그것에만 너무 빠져 있지 말고, 일을 하는 방식을 바꾸거나 환경을 바꾸거나 창조적인 휴식을 한다. 어려운 문제를 끙끙 앓고만 있다고 해서 해결이 되는 것이 아니다. 오히려 건강을 상하고 도식화된 정신에 빠져 문제에 갇히게 된다. 한숨 자고 일어나서 다시 그 문제를 맞이했더니 쉽게 풀리는 경우가 허다하다.

신독은 삼감을 통해서 자신을 비우고, 늘 새롭게 되는 것을 말한다.

하나에 연연하지 않고, 분산 모드와 집중 모드를 오갈 수 있는 것이 주인공의 지혜다.

유연하게 사고한다

삼감은 딱딱하게 경직된 사고가 아니라 유연한 사고방식이다. 신독하는 사람은 욕망에 빠져 선입견으로 사고하지 않는다. 패키지로 거칠게 묶어서 생각하는 것이 아니라 전체적인 스펙트럼으로 분명하게 구분해 사고한다. 흑백 논리에 사로잡히지 않고 사실을 분명하게 본다. 물론 자신의 이익을 실현하기 위해 작위적으로 다른 사람을 흑백 논리에 빠지게 만드는 일도 하지 않을 것이다.

『대학』「제가편」에 나오는 글귀가 바로 이러한 유연한 사고에 대해 말한다.

> 좋아하면서도 나쁜 것을 알고, 싫어하면서 좋은 점을 아는 것은 천하에 드문 것이다. 사람이 자기 자식의 악함을 모르고, 자기 묘목이 큰 것을 모른다.
>
> ◇◇◇◇◇◇◇◇◇◇◇◇
>
> 故好而知其惡 惡而知其美者 天下鮮矣 人莫知其子之惡 莫知其苗之碩

자기 자식에 대한 애착은 남들이 훤히 보는 자기 자식의 악한 면을 못 보게 한다. 또한 "남의 떡이 커 보인다"는 말처럼, 늘 더 갖고 싶은 욕심에 사로잡혀 자기 물건이 귀하고 좋은 것을 모른다. 자기가 이미 가진 것에 감사할 줄 모르고 남의 것을 넘보며, 질투하고 괴로운 마음을 품고 살면서, 남을 짓밟고 경쟁하기를 멈추지 않는다. 자신의 이익을 위해 그런 사회를 조장하고 광고하는 인간들은 물론 더욱 심각한 문제를 가진 인간들이다.

정리하면 신(慎)으로 욕망의 얼룩을 지워내면 새롭고 온전한 마음으로 유연한 사고가 가능하고, 객관적 사실을 분명하게 볼 수 있다.

신독은 늘 깨어 있는 것이다

신독이 스펙트럼으로 사고하며 주어진 현실을 명확하게 볼 수 있는 이유는 신독이 늘 깨어 있는 사고방식이기 때문이다. 그 과정들이 앞서 말했던 멈추고 닦고 비우고 새롭게 하는 것이다. 그렇게 되면 지금 늘 깨어 있을 수 있다.

사량좌(謝良佐)는 말했다.

"경(敬)은 늘 마음이 깨어 있게 하는 법이다.(上蔡謝氏曰 敬是常惺惺法)"

사량좌는 정자 문하의 대표 제자 중 한 사람이다. 이름은 량좌이고 자는 현도(顯道)로 정자 문하에서 수학했다. 유초, 여대림, 양시와 더불어 정문사선생(程門四先生)으로 불렸는데 양시와 더불어 가장 탁월한 제자로 칭송받았다.

삼감은 아주 쉽게 말하면 늘 깨어 있는 것이다. 마음이 제멋대로 굴지 않도록 하는 것은 깨어 있는 것이다. 마음이 지금 여기로 돌아오게 하는 것이 깨어 있는 것이다. 마음이 태만하고 방탕해 파멸의 길로 가는 것을 막는 것이 깨어 있는 것이다. 마음이 현실에 집중해 나에게 함양(涵養, 성품과 기운을 기름)하게 하는 것이 깨어 있는 것이다. 마음이 좌우로 오락가락하지 않고 겉과 속이 같아서 밝아지는 것이 깨어 있는 것이다. 마음이 올곧게 바로 서서 스스로 천지신명과 상하로 통하는 것이 깨어 있는 것이다.

신독은 한결같이 늘 깨어 있게 하는 법이다.

「마태복음」(24:42~51)에 "그러므로 깨어 있으라 어느 날에 너희 주가 임할는지 너희가 알지 못함이니라 너희도 아는 바니 만일 집 주인이 도둑이 어느 시각에 올 줄을 알았더라면 깨어 있어 그 집을 뚫지 못하게 하였으리라 이러므로 너희도 준비하고 있으라 생각지 않은 때에 인자가 오리라 충성되고 지혜 있는 종이 되어 주인에게 그 집 사람들을 맡아 때를 따라 양식을 나눠 줄 자가 누구냐 주인이 올 때에 그 종이 이렇게 하는 것을 보면 그 종이 복이 있으리로다 내가 진실로 너희에게 이르노니 주인이 그의 모든 소유를 그에게 맡기리라 만일 그 악한 종이 마음에 생각하기를 주인이 더디 오리라 하여 동료들을 때리며 술친구들과 더불어 먹고 마시게 되면 생각하지 않은 날 알지 못하는 시각에 그 종의 주인이 이르러 엄히 때리고 외식하는 자가 받는 벌에 처하리니 거기서 슬피 울며 이를 갈리라" 했다.

어느 날에 찾아올지 모른다, 도둑처럼 은밀히 찾아올 것이라고 한 말씀은 언제나 곁에 있다는 말의 다른 표현이다. 주인은 늘 우리 곁에 있다. 천리는 늘 우리 곁에 있다. 그러므로 늘 깨어 있어야 한다. 방만

하고 태만한 욕심을 부리는 것은, 인심이 잘못된 길로 들어선 것이니 다시 본성으로 회귀할 때 그만한 대가를 받을 것이다. 도리는 한 번도 우리 곁을 떠난 적이 없다. 따라서 도심을 찾은 후에 인심을 발휘해야 한다. 그것이 늘 깨어 있는 것이다.

깨어 있음 훈련

어느 날 주자는 말했다.

서암 스님이 매일 아침저녁으로 항상 자신에게 물었다. "주인공은 지금 성성(惺惺)하게 깨어 있는가? 그렇지 않은가?" 스스로 답하기를 "깨어 있다"고 했다. 그런데 오늘날 공부하는 자는 깨어 있기를 이와 같이 하지 못한다.

◇◇◇◇◇◇◇◇◇◇◇◇

又因言瑞巖僧 每日間 常自問主人翁惺惺否 否 自答曰 惺惺 今時學者覺 不能如此

깨어 있음 훈련은 실천적으로 해야 한다. 어딘가에 붙여놓고 하든, 매일 묻든, 매일 기도를 하든, 주문을 외우든 자신만의 방법으로 실천적으로 해야 한다. 충분한 훈련이 되기 전까지는 마음이 늘 미친 원숭이처럼 뛰어다니는 것을 피할 길이 없기 때문이다.

주자는 붓다의 말을 인용하기도 했다.

석가는 마음을 설명하면서 도거(跳擧)하지 말 것과 혼침(昏沈)하지 말 것을 말했다. 이것은 사람의 마음이 2가지 양상이 있음을 알았기 때문이다. 도거는 함부로 달려가는 것이고, 혼침은 방만해 무너지는 것이다. 오직 삼가면 이러한 병이 없어질 것이다.

◇◇◇◇◇◇◇◇◇◇◇◇

又引釋氏說 心云不得跳擧 不得昏沈 是他見得此心只有兩項 跳擧是走作 時 昏沈是 放倒時 惟敬則都無此病

도거, 혼침은 불교의 철학 중 유식론(唯識論)에 등장하는 단어다. 유식론은 불교의 심리학과 같은 철학 이론이다. 도거는 마음이 이곳저곳으로 뛰어나가는 것으로 잡념에 빠지거나 쓸데없는 생각에 집착하고 있는 상태이며, 혼침은 마음이 게을러져 밝지 못하고 어두워지는 것이다. 전자는 흥분되어 있고, 후자는 무기력해서 현재에 집중하지 못하고 있는 것이다. 둘이 정반대의 양상이지만, 하나는 다른 하나를 부르는 경향이 있으니 동전의 양면과도 같다. 그러니 늘 침착하고 차분하게 지금을 직시하고 지금에 마음이 온전히 놓여 있어야 한다.

오직 그 마음을 삼가는 훈련, 수렴해 지금 여기로 돌아오게 하는 훈련으로 이 병통을 제거할 수 있다.

새롭게 하는 것은 기질을 바꾸는 것이다

신독으로 마음을 비우는 것, 얼룩을 지우는 것은 새롭게 한다는 것이다.

　주자는 사람이 새롭게 거듭나는 일에 대해 친구인 여조겸의 사례를 들어서 말한 적이 있다.

　"지난번에 여조겸(呂祖謙)을 만났더니 자신이 소싯적에 성품과 기질이 거칠고 난폭해 음식을 먹다가 마음에 들지 않으면, 가사를 때려 부수곤 했다. 훗날 오랜 병을 앓다가 『논어』 한 권을 붙잡고 아침저녁으로 보다가 어느 순간 자신을 책망함은 두텁게 하고, 남을 책망함은 가볍게 한다는 구절에 이르러 홀연히 깨달아 얻는 것이 있었다고 한다. 뜻과 생각이 일시에 평온해졌고, 이후로 종신토록 난폭하게 분노하는 일이 없었다고 했으니 이것은 기질을 변화시키는 법으로 삼을 만한 것이다."

　사람은 타고난 기질이 있고, 누구나 그 기질이 다르다. 하지만 자신이 그런 기질이 있다고 해서 평생 그 기질에 얽매여 괴로움을 겪어야 한다고 여기는 것은 어리석은 일이다. 내 천성적 기질이 이러하니 다른 사람이 여기에 맞춰야 한다는 것은 오만하고 폭력적인 태도다.

　여러 경험과 노력에 의해서 후천적 기질을 새롭게 개발할 수 있다. 우리가 달라도 서로 공감할 수 있고, 각기 다른 사람이 모여서 하나의 목표를 세워서 특정한 일을 일궈낼 수 있는 것도 모두 후천적 기질을 활용할 수 있기 때문에 가능한 것이다.

　선천적 기질에 얽매여 되는 대로 사는 것은 본성으로 돌아가려는 노력을 게을리하는 것이다.

　우리는 늘 새로워져야 한다. 새로워져야 본성으로 돌아갈 수 있고,

기질을 변화시킬 수도 있다. 비록 군자가 되지 못하더라도 적어도 인생을 편안하고 풍요롭게 살아갈 수 있는 후천적인 기질을 만들어낼 수 있다. 은나라의 탕왕처럼 매일 매 순간 새로워져야 한다.

교기질, 기질이 바뀌었다고 할 정도로 새로운 사람으로 거듭나는 것은 오랜 시간, 꾸준한 노력을 들여야 한다.

반복 훈련으로 거듭난다

이정자 중 한 사람인 정명도의 이야기다.

선생이 16, 17세에 사냥하는 것을 좋아했는데, 어느 날 스스로 이제 사냥을 좋아하지 않는다고 했다. 북송의 유학자 주돈이(周敦頤)가 이 말을 듣고, "어떻게 말을 그리 쉽게 하는가? 이것은 단지 잠복되어 있고 드러나지 않았을 뿐이다. 어느 날 다시 싹이 돋아나면 처음으로 되돌아갈 수 있다"고 했다.

12년이 지난 어느 날 저녁, 집에 돌아오는 길에 밭과 들 사이로 사냥하는 자를 보고 갑작스럽게 기쁜 마음이 들었으니 과연 내가 그 마음의 결과를 몰랐음을 알게 되었다.

◇◇◇◇◇◇◇◇◇◇◇◇◇

予年十六七時 好田獵 旣而自謂已無此好 周茂叔曰 何言之易也 但此心潛隱未發 一日萌動 復如初矣 後十二年暮歸 在田野間見田獵者 不覺有喜心 方知果未也

이에 주자(朱子) 문하의 제자였던 엽채는 이렇게 말했다.

주돈이는 공력을 활용함이 깊어서 말을 쉽게 하는 것이 옳지 않음을 알았고, 정자는 마음을 다스리는 것이 치밀해서 작은 일도 깊은 곳까지 살폈다. 무릇 학자들은 경각심을 갖고 성찰하고, 극기해 자신을 다스리는 공부를 더욱 근면하게 하지 않으면 안 될 것이다.

◇◇◇◇◇◇◇◇◇◇◇◇◇

建安葉氏曰 周子用功之深 故知不可易言 程子治心之密 故能隨寓加察 在學者警省克治之力 尤不可以不勉也

우리가 우리의 기질이나 습관을 고친다는 것은 쉬운 일이 아니다. 어느 순간 잠복되어 있다가 다시 튀어나올지 모르는 것이니 매일 성실하고 근면하게 갈고닦아야 한다. 그러다 보면 어느 순간 완전히 새로운 기질에 적응한 자신을 발견할 수 있을 것이다.

어린 왕자는 자신의 별에 바오바브나무의 싹이 자라서 매일 삽으로 퍼냈다고 한다. 만약 그렇게 하지 않으면 어느 순간 바오바브나무가 별을 뒤덮고 말 것이라고 했다. 우리의 좋지 못한 습관도 그런 것이다. 매일 근면하게 잘라주는 작업을 해야 새롭게 거듭날 수 있다.

비우고 새롭게 한다는 것은 늘 깨어 있는 태도로 도심을 밝힌 후, 그 온전한 마음으로 매일 새로운 현실에 대응해 자신을 바꿔 나가는 것이다.

8장

거이사명(居易俟命):
지금 여기를 살다

중화는 시중이다

현실에 대응해서 늘 자신과 자신의 태도를 바꿔 나가는 것, 그것이 신독으로 지금 여기를 사는 것이고 중화다.

중화에서 화는 시중(時中)이라고 했다. 시기에 적절하게 맞는 중도라는 말이다. 기계적 중용이 아니라 매번 다른 현실에 적용된 중용이란 것이다. 봄에는 봄에 맞는 중도가 있고, 여름에는 여름에 맞는 중도가 있다. 그것이 바로 중화의 화가 절도에 맞다는 것이다. 절도에 맞다는 것은 시간마다 공간마다 상황마다 각기 다른 시절에 맞다는 말이다.

천하 어디든 통하는 달도인 화는 시중인데, 그 시중은 이런 것이다.

자로가 어느 날 공자에게 물었다.

"자로가 강함에 대해 물었다.(子路 問强)"

공자는 되물었다.

"공자 왈, 남방의 강함인가? 북방의 강함인가? 혹은 네가 생각하는 강함인가?(子曰 南方之强與? 北方之强與? 抑語辭 而汝也)"

연후에 가르침을 내린다.

"관용하고 유순하게 가르치고, 무도함에 대해 보복하지 않는 것이 남방의 강함이니, 군자는 여기에 머무른다. 갑옷을 입고 무장한 채 죽음을 염려하지 않는 것이 북방의 강함이니, 강한 자는 여기에 머무른다.

따라서 군자는 화합하되 시류에 휩쓸리지 않으니 강하고 굳세다. 중으로 홀로 서서 의지하지 않으니 강하고 굳세다. 나라에 도가 있을 때 변하지도 막히지도 않으니 강하고 굳세다. 나라에 도가 없을 때 죽음에 이르러도 변함이 없으니 강하고 굳세다.(寬柔以教 不報無道 南方之强也 君子 居之 衽金革 死而不厭 北方之强也 而强者 居之 故君子 和而不流 强哉矯 中立而不倚 强哉矯 國有道 不變塞焉 强哉矯 國無道 至 死不變 强哉矯)"

남방에서는 남방의 강함을 따르고, 북방에서는 북방의 강함을 따른다. 나라에 왕도가 있을 때도 변하지 않고 막힘이 없이 행하고, 나라에 왕도가 없어 죽음에 이르러도 변하지 않으니 그것이 강한 것이다. 이것이 시절에 맞춰 화합하면서도 시류에 휩쓸려 변하지 않는 것이다. 이것이 화이며, 곧 시중이다.

변하지 않는 도를 바탕으로 변하는 시공간의 시절에 맞추는 것, 이것이 시중이다.

『중용』은 말한다.

"오직 부귀하다면 부귀하게 행동하고, 오직 빈천하다면 빈천하게 행동한다. 오랑캐 땅에서 오랑캐 풍습을 따르고, 환난의 시기를 만나 환난에 맞춰 행한다. 군자는 어디에 처하든 스스로 얻지(자득, 자겸, 자족) 못하는 바가 없다.(素富貴 行乎富貴 素貧賤 行乎貧賤 素夷狄 行乎夷狄 素患難 行乎患難 君子 無入而不自得焉)"

얻지 못하는 바가 없다는 것은 자득, 자겸, 자족이니, 어디에 처하든 그 위치에 바른 도리를 반드시 얻는다는 것이고, 좋은 상황이든 나쁜 상황이든 스스로 겸허하게 받아들이며 만족할 줄 안다는 것이다.

그래서 순임금이 평민일 때는 거친 밥을 먹으며 밭 갈고 소일하며 헐벗은 채 낮잠을 자기에 거리낌이 없었고, 왕이 된 후에는 문무백관의 공경을 받고 끼니마다 진수성찬으로 차려진 수랏상을 받으며 정사를 베푸는 것을 즐겼다고 하는 것인데, 이것이 바로 시중이다. 신독은 시중의 방도이니, 자신을 비워 도심에 이른 후 세상의 모든 변화에 집중하는 것이다.

신독은 늘 지금 여기에서 출발한다

멀리 어느 세상을 기다리지 말고, 지금 여기에서 도를 찾아야 한다. 격물치지(格物致知) 역시 가까운 사물을 살펴서 그 이치를 밝힘으로써 도리를 알게 된다는 것이다. 즉 가까운 곳에서 도를 찾을 수 있다. 그것은 도끼 자루를 만드는 일과 같다.

『시경』에서 말하기를, 도끼 자루로 도끼 자루를 베는구나. 그것은 즉 그 도가 멀지 않다는 이야기다. 사람은 도끼 자루를 잡고 도끼 자루감을 벨 때, 도끼 자루를 비스듬히 보고 있으면서 오히려 그 본을 먼 곳에서 찾는다. 따라서 군자는 사람을 다스리는 도를, 사람에서 찾아 바로잡은 후에 그만두는 것이다.

◇◇◇◇◇◇◇◇◇◇◇◇◇

詩云 伐柯伐柯 其則不遠 緝柯以伐柯 睨而視之 猶以爲遠 故君子 以人治人 改而止

우리가 찾아야 할 도리도 가까운 곳에서 구할 수 있다. 멀고 원대한 곳이 아닌 지금 이 현실, 우리가 직면한 현실을 외면하지 않고 바라봄으로써 가장 올바른 이치, 가장 올바른 해답을 구할 수 있다.

대인 관계에 어려움을 호소하지만 사람을 대하는 방법 역시 가까운 곳에서 찾을 수 있다. 그 답은 충서(忠恕)에 있다. 내 마음을 충실히 해 내 마음에 비춰 남을 대하는 것이다.

『중용』은 말한다.

충서(忠恕)는 도의 근본(씨줄, 기강紀綱)이니 자신이 받기를 원하지 않는 것을 남에게 베풀지 않는 것이다. 군자의 4가지 도는 하나에 불과하다. 자식에게 바라는 도리로 아비를 섬기고, 신하(아랫사람)에게 구하는 도리로 임금(윗사람)을 섬기고, 동생에게 구하는 도리로 형을 섬기고, 친구에게 구하는 도리로 친구에게 먼저 베푸는 것으로 한다.

평소에 덕을 행하고, 평소에 말을 삼간다. 여기에 부족함이 있으면 감히 노력하지 않을 수 없으며, 이미 넉넉함이 있어도 감히 그만두지 않는다. 말로 행실을 돌아보고, 행실로 말을 돌아본다. 군자가 여기에 어찌 독실하지 않겠는가?

◇◇◇◇◇◇◇◇◇◇◇◇◇

忠恕 違道不遠 施諸己而不願 亦勿施於人 君子之道四 丘未能一焉 所求乎子 以事父 未能也 所求乎臣 以事君 未能也 所求乎弟 以事兄 未能也 所求乎朋友 先施之 未能也 庸德之行 庸言之謹 有所不足 不敢不勉 有餘 不敢盡 言顧行 行顧言 君子 胡不慥慥爾!

상하좌우를 대함에 나의 마음에 비춰 하면 크게 어긋나지 않을 것이며, 충실히 정성을 다해 독실하게 하면 도리에 부합할 것이다.

자족하는 삶

자신의 자리에 만족하지 못하는 사람, 지금 주어진 현실에 만족하지 못하는 사람은 늘 세상을 원망하고 사람을 원망한다.

하지만 『중용』은 우리에게 말한다.

높은 곳에 있을 때 아래를 능멸하지 않으며, 낮은 곳에 있을 때 윗자리를 탐하지 않는다. 자신을 바로 함으로써 사람에게 구하지 않으니, 원망이 없다. 위로는 하늘을 원망하지 않고, 아래로는 사람을 원망하지 않는다. 군자는 천명을 따라 편안함에 거주하고, 소인은 행운을 충동질해 험지로 행한다.

◇◇◇◇◇◇◇◇◇◇◇◇◇

在上位 不陵下 在下位 不援上 正己而不求於人 則無怨 上不怨天 下不尤人 故君子 居易以俟命 小人 行險以徼幸

사명(俟命)은 천명을 기다리는 것을 의미한다. 거이는 편안한 곳을 거처로 삼는 것이다. 천천히 걸어가는 것도 사(俟)이니 천명을 따라 천천히 걸어가는 모양이라고 볼 수도 있다. 불안하거나 조급해하지 않고 천명을 따라 한 걸음씩 천천히 나아가니 언제나 편안한 곳에 거한다. 축약하면 거이사명(居易俟命)이다.

군자는 하늘이 자신에게 부여한 현실을 천명으로 여기고, 누군가를 원망하지 않는다. 그렇기에 천명을 따라 언제나 편안한 마음가짐으로 자신의 주어진 직분에 충실한다. 그렇지만 소인은 늘 사람을 원망하고, 주어진 환경을 원망하다 잘못된 선택을 한다.

일확천금을 노리거나 도박 수에 전부를 건다. 요행을 바라고 무리한 일을 벌이다 더욱더 곤란한 지경에 빠지게 된다.

자족하는 삶, 현재를 즐기며 현재에 충실한 삶을 사는 것이 행복의 지름길로 나아가는 것이라는 사실을 명심해야 한다.

현실에 발 디디기

어떤 사람이 수도를 했는데, 수십 년 동안 수도를 해서 명상 상태에 빠졌다. 그 명상 상태가 얼마나 깊었는지 세월이 흐르고 먼지와 흙이 쌓여서 산속에 묻히게 되었다. 다시 수십 년이 지나 누군가 땅을 파다가 가부좌를 틀고 앉아 있는 그 수도인을 발견했다. 그 사람은 마을 사람에게 신처럼 대접을 받았다. 좋은 집에 진수성찬을 매일 공양받았다. 그러다 얼마 지나지 않아 동네 처녀를 건드려 쫓겨나는 신세가 되었다.

그 사람은 명상에 잠겨 있는 동안만 신성했던 것이다. 결국 명상이라는 것도 삶 속에서 이뤄져야 한다. 삶 속에서 단련되어야 한다.

욕구 단계설로 유명한 심리학자 에이브러햄 매슬로는 러시아로부터 이민 온 러시아 유대인 부모에게서 태어났다. 가정 환경이 좋지 못했던 매슬로는 기대를 많이 받았지만 학교생활에 잘 적응하지 못했고, 도서관에서 주로 시간을 보냈다.

대학에 진학해서는 법학에서 심리학으로 전공을 바꾸었고, 실존주의 철학의 영향을 받으면서 인본주의 심리학의 토대를 쌓았고, 기계적인 인간관에 대해 비판적 태도를 취했다.

매슬로는 자아실현을 최고의 가치로 두었지만, 큰 목표를 가지는 것만큼이나 현실에 뿌리를 잘 내리는 것을 중요하게 생각했다. 자아실현을 성공한 사람은 구름을 뚫고 하늘로 높이 올라가 있지만, 두 발은 여전히 단단히 땅에 디디고 있는 사람이라는 것이다.

좋아하는 영화 중 장국영이 주연한 〈아비정전〉이 있다.

정전(正傳)은 전기문이라는 뜻이고 아비는 영화 속 장국영의 이름이다. 아비의 전기문이니 한글로 옮기면 아비 이야기 정도라고 할 수 있다.

장국영의 맘보춤과, 장만옥과 함께 1분 동안 시계를 보는 장면으로 유명한 영화다. 영화 속 주인공 아비는 사랑하는 사람에게 상처를 준다. 영원히 잊지지 않을 1분을 남기고 아비는 사랑하는 여자 장만옥을 떠난다.

술집 여자와 질펀하게 노는 반면 사랑하는 여자에게는 상처를 주는 이해할 수 없는 태도를 보인다. 한곳에 정착하지 못하고 여기저기 떠돈다.

"발 없는 새가 있다더군. 늘 날아다니다가 지치면 바람 속에서 쉰대. 평생에 꼭 한 번 땅에 내려앉는데 그건 바로 죽을 때지"라는 영화

속 대사가 아비의 삶을 한 줄로 잘 요약해준다.

아비는 자신을 버리고 거대한 저택에서 살아가는 어머니를 찾아가지만 끝내 얼굴을 보지 못하고 돌아선다. 주먹을 꽉 쥐고 돌아서서 끝내 자신도 얼굴을 보여주지 않는다. 이후 아비는 더욱 무모한 행동을 일삼다 총을 맞고, 아비에게 영향을 받아 경찰관에서 선원으로 직업을 바꾼 친구의 품에서 죽어간다.

어머니의 부재, 발 없는 새, 떠돌고 떠돈다.

아름답고 슬픈 이야기지만, 이 속에 숨은 상처들의 크기는 만만치 않다.

차라리 아픔을 가슴에 품은 채 발 없는 새로 훨훨 날아다녔다면 좋았을 것이다. 그러나 아비는 죽어서라도 땅 위에 내려앉고 싶어 했다.

그것이 문제다. 자기 속에 고향이, 어머니가, 뿌리가 없어서 그렇다. 그것이 있었다면 아비는 발이 없어도 고독을 품은 채 계속 날 수 있었을 것이다.

자기 속에 있는 정신적·영적 뿌리가 바로 언제나 여기에 함께하는 본성이다. 물리적 뿌리는 현실일 것이다. 우리 삶은 양 측면에서 바로 여기에 발을 디뎌야 한다. 지금이라는 현실에 단단히 뿌리를 내려야 한다. 그것은 정신적인 것이기도 하고, 물질적인 것이기도 하다. 멀리 가고자 하는 이는 지금 여기부터 출발해야 한다. 높이 오르고자 하는 이는 낮은 곳부터 출발해야 한다. 지금 여기 낮은 곳에서 여장을 단단히 챙겨야 한다. 피라미드처럼 높은 건물을 짓고 싶다면 단단하고 넓은 반석을 마련해야 한다. 현실에서 기초가 튼튼해야 하는 것이다. 그것이 곧 이야기할 등고자비(登高自卑), 행원자이(行遠自邇)다.

낮은 곳에서 출발한다

높은 곳에 오르는 것도 비루한 곳에서 출발한다. 모든 문제를 낮은 곳에서 출발해 해결해간다는 마음가짐을 가져야 한다.

『중용』은 이것을 산에 오르는 것에 비유해 말하기도 했다.

군자가 도를 행할 때, 멀리 가고자 할 때는 가까운 곳에서 시작하고, 높은 곳으로 오를 때는 (비루하고) 낮은 곳에서 시작한다.

◇◇◇◇◇◇◇◇◇◇◇◇

君子之道 辟如行遠必自邇 辟如登高必自卑

등고자비라는 말은 오랫동안 위대한 선현들의 삶의 지침이 되어왔다. 등고자비(登高自卑) 행원자이(行遠自邇), 높은 곳에 오를 때는 낮고 비루한 곳에서 출발하고, 멀리 떠나고자 할 때는 가까운 데서부터 출발한다. 꿈과 현실을 혼동해 처음부터 근사한 모습을 꿈꾸며 그럴듯한 모양새를 갖추는 데 치중해서는 곤란하다.

운동을 처음 시작하는 사람이 첫 대회 출전부터 금메달을 바랄 수 없고, 갓 입사한 신입 사원이 과장급 대우를 바라서는 안 되며, 이제 갓 작품 활동을 한 사람이 불후의 명작을 만들겠다고 덤벼들어서는 곤란하다. 숱한 고통스러운 습작의 나날들, 복사하고 팩스 보내는 신입 사원 시절을 거쳐야 한다. 과정을 생략하고 결과만 바라는 오류를 범해서는 안 된다는 것을 선현들이 수천 년 전부터 우리에게 알려준 사실이다.

한편 가장 낮고 가장 가까운 곳은 어디인가? 바로 자기 자신이다. 자기 자신을 개선하는 것부터 시작한다.

3번 이상 과녁을 맞히지 못하면 활에 문제가 없는지 활 쏘는 자세에 문제가 없는지 돌아봐야 한다는 말이 있다. 반복해서 자신이 하는 일이 실패하고 사람과 분란을 일으킨다면, 운이 나빴다거나 외부 환경 탓으로 돌리는 일을 그만두고 자신에게서 원인을 찾아보아야 한다. 일에 임하는 자세, 사람을 대하는 태도에 문제가 있는 것은 아닌가 돌아봐야 한다. 나 자신을 개선하는 것을 문제를 해결하고 원대한 꿈을 이루는 출발점으로 삼아야 하니, 그것이 곧 높은 곳에 오를 채비를 단단히 하며 떠나는 것으로 행원자이, 등고자비와 일맥상통하는 것이다.

주인공으로 산다는 것도 마찬가지다. 누군가를 흉내 내는 것이 아니라 자기 자신의 모습으로 주인공으로 살아야 한다. 그것은 철저히 여기라는 현실, 그리고 지금이라는 과정에 충실함으로써 가능하다.

옛날에 어떤 작은 늑대가 있었다. 작은 늑대는 높은 산에 올라 한 번씩 달을 보며 길게 울부짖는 우두머리 늑대를 부러워했다. 자신도 멋진 늑대가 되고 싶었다. 우두머리는 온 마을의 모든 늑대에게 존경을 받는 대장 늑대였다. 어느 날 작은 늑대는 대장 늑대를 만나러 길을 떠났다.

대장 늑대의 멋진 갈기와 근육을 뒤덮은 아름다운 잿빛 털을 볼 수만 있다면 소원이 없겠다는 생각을 했기 때문이다. 몇 날 며칠을 걸어 드디어 그 늑대를 만날 수 있었다.

그러나 백일(白日)하에 드러난 대장 늑대의 형상은 젊은 늑대가 상상하던 모습과는 판이했다. 잿빛 털은 퇴색해 생기를 잃고 얼룩덜룩해져 있었고, 그마저도 듬성듬성 빠져 있었다. 그리고 온갖 세월의 풍파를 거치면서 많은 다른 늑대와 영역 싸움을 벌이고, 다른 짐승을 사냥하기 위해 목숨을 걸고 다투어온 시간들은 대장 늑대의 몸에 크고 작은 상처를 남겨놓았다. 작은 늑대가 오랫동안 꿈꾸어왔던 전설로만 떠돌던 영웅의 실상, 가까이서 본 영웅은 상처투성이였다.

우리는 영웅이나 미녀, 성공하고 아름다운 모습들을 멀리서만 보고 흉내 내려고 한다. 그들의 험난했던 과정, 숨겨진 상처는 관심이 없고 잘 모른다.

우리가 누군가를 부러워했던 것은 외양과 그가 받는 존경일 뿐 그 영웅 자체를 존경했던 것은 아니다.

실제 그 사람 자체를 존경하는 것은 아닐 수 있다는 말이다. 그 사람에게 화려하고 아름다운 옷과 존경과 맛있는 음식과 큰 집이 없다면, 그 사람 주위에 몰려드는 명사들이 없다면, 그 사람을 존경하지 않을지도 모른다. 하지만 그 영웅은 그것을 바랄까?

그 영웅은 그저 진정한 자기 자신으로 사는 것에 만족하고 있을지 모른다. 그렇게 살다 보니 부귀영화나 명예가 저절로 따라온 것이다. 하지만 그것이 주된 관심사는 아닐 것이다. 있어도 좋고 없어도 상관없는 것일 수 있다.

물론 이것도 하나의 예시일 뿐이다. 요점은 우리 대부분이 자립한 사람의 겉모습을 흉내만 내거나, 실상이 아니라 부수적으로 따라오는 것에만 관심을 가지지 말고, 진정한 자기 자신의 모습으로 자립해야 한다는 것이다.

우리는 지금 여기를 충실히 살아감으로써 오늘 우리 삶의 영웅이 될 수 있을 뿐이다. 자기 삶에 스스로 통제력을 갖고 주인으로 살아가는 것이 가장 영웅다운 삶이다. 신독은 삼감으로 자신을 비우고 새롭게 해 오늘을 충만하게 살아가는 것이다. 결과보다는 과정에 충실할 때 최고의 결과도 얻을 수 있는 법이다. 아무리 먼 곳을 꿈꾸고 있더라도 신독을 바탕으로 오늘 여기를 살아야 한다. 우리가 오늘 본성과 연결되어 있다면, 우리는 이미 바다에 도착한 것이다.

9장

주일무적(主一無適):
하나의 마음으로 산다

하나의 길만 있다

늘 여기를 살지만 그 근본을 잊으면 안 된다. 얼룩을 지우고 한결같은 한마음이 먼저 나오기만 하면 언제나 자연스럽게 여기를 새롭게 살 수 있다. 결국 마음을 하나로 하는 것에 주력해야 한다.

신독의 삼감은 단지 하나만을 주로 하는 것이다. 하나만 주장하고 하나만 주인으로 삼는 것이다.

정자는 말했다.

경(敬)은 단지 하나를 주인으로 하는 것이다. 하나만 주로 하므로 동쪽으로 가지도 않고, 서쪽으로 가지도 않는다. 이와 같이 하는 것이니 단지 중이다.

(한 가지를 주로 하면) 이쪽저쪽으로 가지 않으니, 이와 같이 하면 단지 안이 있을 뿐이다. 이것을 보존하면 천리는 자연스럽게 밝아진다. 배우는 자는 경으로 안을 곧게 해 뜻을 함양하니 안을 곧게 하는 것이 근본이 된다.

×××××××××××××××

敬只是主一 主一則 旣不之東 又不之西 如此則只是中 旣不之此 又不之彼 如此則只是內 存此則天理自然明 學者須是將敬以直內 涵養此意 直內是本

한 가지를 주로 한다는 것은 여러 가지로 해석할 수 있다. 마음이 혼란스러울 때 하나만 일념으로 생각하는 것도 한 가지를 주로 하는 것이다. 무엇인가 하나에 초점을 두면 마음이 동서나 이쪽저쪽으로 움직이지 않는다. 그렇게 하면 마음이 멈추게 된다. 이쪽저쪽으로 움직이지 않는다는 것은 외물(外物)에 흔들리지 않는 것이다. 자연히 마음이 밖으로 나돌아 다니지 않고 안으로 들어와 충만하게 된다. 경이직내는 경으로써 안을 바르게 세운다는 것인데, 이 역시 같은 맥락이다.

삼감으로 멈추려면 이것저것 생각하지 않고 하나만 위주로 해야 한다. 여러 생각이 일어나는 것을 삼가는 것이다. 우리는 운동을 하면서도 고민에 빠지고 다른 사람의 대화를 들으면서도 딴생각을 하고, 일을 하면서도 돈 걱정을 하거나 다른 생각에 빠져서 집중하지 못하는 경우가 많다. 하지만 이렇게 되면 안이 망가지고 안이 망가지면 천리(天理)가 어두워진다.

하나만 주로 하는 것은 경건하게 자신을 닦는 일로, 주기도문 같은 주문을 외우거나 명상처럼 호흡에만 집중하거나 여러 경전의 글귀를 주문처럼 외우는 일도 있다. 자신이 지금 해야 할 일에만 집중해서 하는 것도 하나를 주로 하는 것이다.

지금 나에게 맞이한 모든 일에 온전히 집중하는 것도 하나를 주로 하는 것이다. 불교의 비파사나(Vipasyana) 수행법이 이러한 것이다. 비파사나를 단순히 모든 순간을 관(觀)하는 관찰 수행으로 설명하는 경우가 많은데, 관의 의미는 매우 심오한 것으로 우리가 생각하는 단순한 관찰이 아니다.

본원의 마음, 본성으로 관한다는 것은 그 순간과 완전히 합일되는 경지, 물아일체(物我一體)의 경지다. 비파사나 수행은 그 점에서 특정한 시공을 전제로 하는 사마타 수행과 대비된다.

관음(觀音)이라는 말도 그렇다. 소리를 관한다는 것을 소리를 본다고 해석할 것인가? 소리에 공명하는 것이고, 여기서 소리 음(音)은 공즉시색(空卽是色)이라고 할 때 색(色)이 세속적인 만물의 드러난 모습이나 물질적인 것을 의미하는 것처럼 만물의 숨겨진 본원적 상태를 의미한다. 내 본성이 만물의 본성과 공명(共鳴)하는 상태가 바로 비파사나 수행이 도달하려는 경지다. 지금 여기, 모든 순간과 온전히 하나가 되는 것이다.

특정 장소나 대상으로만 수행하는 것이 아니라 삶의 모든 행위 속에서 수행하는 것이다. 꼭 수행이라고 생각하지 않아도 좋다.『중용』이 말하는 수신의 요체인 신독으로 사는 것이 이러한 것이다. 늘 깨어 있다는 것은 도거(掉擧, 들뜨고 혼란스러운 마음), 혼침(昏沈, 생기 없이 가라앉은 마음), 방일(放逸, 거리낌 없이 돌아다니는 마음)의 상태가 아니라 지금 일어나는 모든 순간을 온전하고 충만하게 사는 것이다. 식사를 할 때는 식사에만 집중하고, 책을 읽을 때는 책만 읽고, 운동할 때는 운동만 하는 것, 한 번에 한 가지만 하는 것이다.

한 가지만 할 때 우리의 내면은 함양(涵養)된다. 능력이나 성품을 길러내는 것을 말하는데, 밝은 기운을 충만하게 하는 것이다. 이렇게 함양하면 천리가 자연스럽게 밝아져서 지혜가 열린다. 지혜가 열리면 고민하던 문제는 자연스럽게 해결될 수 있다. 밝은 기운이 길러지면서 문제를 해결할 힘이 생긴다. 기운과 지혜는 서로 상보적인 관계로 동시적으로 일어나는 일일 수 있다.

결론적으로 두 마음을 삼가고, 하나를 주로 하는 훈련이 신독의 중요한 기술 중 하나다.

마음이 두 갈래 길로 가지 않게 하자. 과거나 미래로 가지 않게 하고, 동시에 여러 가지를 하지 않게 하자. 그러면 분명히 천리가 밝아지며, 길이 열릴 것이다.

예전에 어떤 분이 하루아침에 빚더미에 올라서서 감당할 수 없는 일들을 해결해갈 때, 주문처럼 외운 말이 "오늘 하루만 살자"는 것이었다고 한다.

오늘 하루만 살자.

이 말을 되새길 때마다 가슴이 울컥해지는 기분이 든다. 나 역시 그때 그분의 말을 되새기며 고통스러운 날들을 이겨낸 기억이 있다. 아침에 눈을 뜨는 것 자체가 지독히 공포스런 날들이 있다. 눈을 뜨고 자리에 앉으면 설마 이게 현실이야 싶을 정도의 일들이 첩첩산중으로 놓여 있는 날들이 있다.

그런 때는 오늘 하루만 살다 죽는 거야라는 심정으로 버티며 하나씩 뭐라도 해야 한다. 오늘 하루만 살자. 지금 나에게 주어진 이것 한 가지만 하자. 그렇게 버티다 보면 길이 열릴 것이다.

오늘도 오직 하나의 길만 있다. 지금에 충실한 것이다.

마음을 하나로 모으다

주자(朱子)의 제자 채모(蔡模)는 말했다.

일찍이 본원(本原)에 대해 탐구해보니, 경은 동정(動靜)을 모두 갖추고 있다. 주일(主一)도 같은 이치로 동정을 모두 갖추고 있다. 일이 없을 때 마음이 늘 맑고 자연스럽게 보존되는 것은 고요할 때의 주일이다. 일이 있을 때 이 일에 응해 여러 다른 일을 섞지 않는 것, 이것이 동할 때의 주일이다.

정할 때의 주일은 중으로 천하의 큰 근본이다. 동할 때의 주일은 화로 천하의 달도(達道)다.

◇◇◇◇◇◇◇◇◇◇◇◇◇

嘗卽其本原而深思之 敬該動靜 主一亦該動靜 無事時此心 湛然常存 此靜而主一也 有事 時心應此事 更不雜以他事 此動而主一也 靜而主一 卽中者 天下之大本 動而主一 卽和者 天下之達道

채모는 남송 건양 사람으로, 호는 각헌(覺軒)이다. 주자가 이름을 지어주었고 한때 벼슬길에 오르기도 했지만 주로 은거하며 학문에 매진했다.

주일은 마음을 하나로 모으는 것, 집중해 매사에 하나를 주로 하는 것이다. 달도는 미치지 않는 곳 없이 뻗어가는 것이다. 천하의 도리가 미세한 곳까지 빠짐없이 전달되는 것이다.

채모의 경(敬)에 대한 설명은 기존의 경의(敬義)에 대한 설명이 경을 주로 고요한 상태 내면으로 보고, 움직일 때 외부를 상대할 때는 의로 보던 것과는 조금 다른 해석이다. 물론 의를 경의 현실화한 상태라고 보면 무리 없이 일맥상통한다. 굳이 의를 말하지 않아도 경 하나만으로 설명이 가능하다는 것을 보여준다는 데 의의가 있고, 『중용』의 중화 개념과도 잘 연결시켜놓았다.

경은 방법과 상태 양 측면으로 쓰인다. 마음을 수렴하는 것이며, 삼 감을 통해 도달한 경건하고 집중된 상태, 둘 다로 혼용되는 것이다. 여기서 경은 상태로 해석할 수 있다. 주일의 동정은 곧 경의 동정이 니, 경이 고요할 때는 천하의 큰 근본인 중과 같고, 경이 동할 때는 천 하의 달도인 화와 같다. 따라서 경은 중화의 도리와 같은 것이다.

신독하는 사람은 고요히 홀로 있을 때는 천하의 근본과 만나고, 몸 을 일으켜 움직일 때는 천하의 달도로 세상과 화합해 잘 어울리는 것 이다. 이와 같이 마음을 하나로 모으는 것은 고요히 있을 때나 움직여 세상을 살아갈 때나 한결같이 쓸 수 있는 도리다.

한마음의 후광

주일을 심리학과 연관시켜보아도 재밌을 것이다. 우리가 누군가를 만나거나 새로운 장소를 갔을 때 대체로 새로운 것 중 강렬한 하나의 인상으로 그것을 기억한다. 우리가 별명을 부를 때 강렬한 인상으로 부른다. 콧수염이 눈에 들어오면 콧수염이라 부르고, 빨간 머리카락 이 눈에 들어오면 빨간 머리, 어떤 차를 타고 온 것이 인상에 강렬하 게 남으면 그 차의 이름으로 부를 수도 있다.

이렇게 강렬한 인상에 지배당하는 현상을 후광 효과라고 한다. 이 후광 효과의 특성은 하나의 강렬한 인상이 너무 돋보여서 다른 것을 잘 보이지 않게 한다는 것이다.

따라서 여러 장점이 있더라도 후광 효과를 발휘하는 큰 단점이 있으면 그 장점들은 묻히고, 하나의 큰 장점이 있으면 작은 단점들이 여럿 있어도 후광 효과에 묻힌다.

그래서 대인 관계에서는 이 후광 효과를 잘 이용해 긍정적인 하나의 강렬한 인상을 갖는 것이 도움이 된다. 적극 활용하자면, 후광 효과의 고급 단계는 다른 사람의 욕구를 읽는 것이다.

후광 효과의 또 다른 특성은 그 사람이 중요하게 생각하는 것이 더욱 큰 위력을 발휘한다는 것이다. 상대방이 학식을 중요하게 생각하는지 재력을 중요하게 생각하는지 혹은 키나 몸집을 중요하게 생각하는지 등 관심 분야 따라서 효과는 달라진다. 즉 상대방이 관심을 두는 부분에 후광 효과를 준다면 더욱 큰 효과를 발휘할 수 있다.

우리가 전략을 철저하게 짜지 않아도 하나를 제대로 잘하는 사람에게는 자연 후광이 보인다. 소설을 잘 쓰는 대문호가 길을 잘 못 찾는다고 해서 비난하지 않는다. 프로그래밍을 잘하는 실력 있는 프로그래머가 글을 잘 못 쓴다고 비난하지 않는 것처럼 말이다. 직업이 그렇듯 삶의 태도도 마찬가지다.

주어진 일에 집중하는 사람의 모습은 아름답다. 후광이 난다. 우리는 매 순간 마음을 하나로 모아 하나의 마음으로 살아가야 한다.

불원복(不遠復), 멀리 가지 않고 돌아온다

주일(主一)은 내면에 덕성스러운 성품을 쌓아가는 비결인데, 그렇게 하는 가장 중요하고 구체적인 방법이 불원복이다.

신독의 삼감은 늘 깨어 있는 것이고, 그것은 불원복 즉, 도리로부터 멀리 가지 않고 돌아오는 것이다. 그렇게 해야 주일(主一)할 수 있고, 이것이 중도(中道)가 과불급(過不及)을 바로잡는 현명한 방법이다. 도향 거사가 말했던 마음의 맹아(萌芽)를 혹 놓쳤더라도 불원복 하면 중도에 부합하는 것이니 덕성스러운 삶을 살아갈 수 있다.

주자가 말했다.

병산(屛山) 선생이 와병 중일 때, 내가 동자로 스승을 간호했다. 하루는 내가 청해 묻기를 "평소에 도에 들어가는 순서가 어떻게 됩니까?"라고 했다. 선생께서 기쁜 기색으로 말씀해주길, "나는 『역경』에서 덕에 들어가는 문을 깨달아 얻었다. 말하자면 불원복, 세 글자로 된 비결이니 너는 여기에 힘쓰도록 하라."

◇◇◇◇◇◇◇◇◇◇◇◇

朱子曰 屛山先生病時 熹以童子侍疾 一日請問平昔入道次第 先生欣然
告曰 吾於易 得入德之門焉 所謂不遠復者 乃吾之三字符也 汝尙勉之

병산 선생은 유자휘(劉子翬)로 젊은 시절에 불교에 심취했고, 후일 유교로 전향했으며 역학에 조예가 깊었다. 주자의 스승으로 주자의 아버지가 눈을 감을 때 아들을 부탁했다고 한다.

불원복(不遠復)은 『주역』 지뢰복(地雷復)괘 초효 효사(爻辭)다. 멀리 가지 않고 돌아오기에 후회함이 없다. 크게 길하다고 되어 있다.

살아가면서 허물이 없을 수는 없다. 생각이 지나칠 때도 있고 부족함도 있다. 지나치거나 부족함, 이 과불급은 모두 중용이라는 도심에서 멀어지는 것이다. 하지만 도심에서 떠나왔을 때마다 아 조금 멀리 떨어졌구나라는 것을 알아차렸을 때 바로 삼가고 돌아오는 것이 중요하다.

그것이 불원복이니 멀리 가지 않고 돌아온 덕분에 후회가 없는 것이다. 후회가 없는 것을 넘어 크게 길하다고 되어 있다. 다산(茶山) 정약용도 언급했지만, "허물이 없는 것보다 허물을 고치는 것이 더욱 길하다"는 말도 있다. 약간의 오차는 우리의 정신을 더욱 깨어 있게 하고 앞으로의 큰 실수를 미연에 방지할 수도 있다. 예방 접종처럼 말이다. 그러니 불원복을 덕의 문으로 삼을 수 있는 것이다.

세상을 살면서 도심에서 너무 멀리 떨어지게 되면 돌아오기 어렵다. 그리고 자신이 그것을 깨치지 못하고 있으면 외부 힘에 의해 강제적으로 돌아와야 하는데, 그 과정이 법적인 것이 되었든 경제적인 것이 되었든 외부적인 힐난과 질타가 되었든 매우 고통스럽다. 따라서 스스로 돌아오는 것이 중요하고 너무 멀리 떠나지 않고 돌아오는 불원복이 중요하다. 우리가 신독으로 늘 깨어 있을 수 있다면 불원복할 수 있으니 언제나 평안하고 크게 길할 수 있을 것이다.

마음이 도심이라는 한 가지 마음에서 벗어났다면 너무 걱정하지 말자. 불원복으로 멀리 가지 않고 빨리 돌아오면 그만이다.

하나를 주로 해 옮겨 다니지 않는다

주일무적(主一無適)이라는 말이 있다. 하나를 주로 해 옮겨 다니지 않는다는 말이다.

어느 날 주자의 제자가 주일무적의 의미를 묻자 주자가 답했다.

단지 마음이 달아나지 않아야 한다는 것이니, 지금의 사람은 하나의 일을 완료하기도 전에, 다른 일을 하려는 마음이 천 갈래 만 갈래로 뻗어 나간다.

◇◇◇◇◇◇◇◇◇◇◇◇

問主一無適 朱子曰 只是莫走作 如今人 一事未了 又要做一事 心下千頭萬緒

우리는 직장이나 집에서 일을 하거나, 가사를 하거나 운동 또는 취미 활동 등을 할 때 늘 다른 일을 생각한다. 한 가지 일을 끝내고 다른 일을 하는 것이 아니라 여러 생각을 동시에 하기에 하나에 제대로 집중할 수가 없다. 한 가지 일을 할 때 여러 생각을 동시에 하는 것은 하나의 일도 제대로 못하게 한다.

"노는 사람이 일도 제대로 한다"는 말이 있다. 놀 때는 신바람 나게 놀고, 일할 때는 일에만 집중하는 사람이 둘 다를 잘 하는 것이다.

한 번에 여러 생각을 동시에 하는 것은, 몰입이 쾌감을 주는 것과 반대로 우리 정신에 불쾌감을 준다. 잦은 실수가 일어나고 문제가 꼬이고 답답한 마음으로 가득한 채 하루를 살다가 잠자리에 드는 것은 모두 한 번에 한 가지씩 하지 않기 때문이다.

눈앞의 현실이 안개 낀 것처럼 불투명하게 보이고, 지혜가 열리지 않는다.

지금 눈앞에 놓인 일에 집중해서, 마음이 지금 여기에서 달아나지 않게 하라. 그것이 주일무적(主一無適)이다.

장자(莊子) 또한 이렇게 말했다.

"마음을 활용함에 분산되지 않아야, 신명과 통할 수 있다.(用志不分乃疑於神)"

신명과 통한다는 것은 신적인 지혜가 열린다는 것이다. 지성으로 몰입하면 앞날을 내다볼 수 있는 눈이 열린다고 했다. 지금 자신을 괴롭히는 문제들을 하나씩 잘 해결해 나가고 싶다면, 혹은 자신이 꿈꾸는 바를 현실로 만들고자 할 때 어떤 단계를 거쳐야 하고 지금 무엇을 해야 하는지 알고 싶다면, 마음을 활용할 때 뜻을 활용할 때 여러 갈래로 나누지 말아야 한다.

매 순간 한 가지에만 몰입하면 자연스럽게 지혜가 열릴 것이다.

신의 뜻을, 우주의 거대하고 복잡한 흐름을 인간의 작은 두뇌와 이성으로 모두 알기는 어렵다. 절대적이라고 믿어왔던 과학 지식도 세월이 흐르면 바뀌는 경우가 많다.

오직 지금에 충실하면 그때에 필요한 지혜가 찾아온다. 신명과 응하기 때문이다.

사방으로 분산되지 않고 삼감으로 내면을 정신을 꼿꼿하게 세워 상하로 통하게 되면, 신명과 접속하기에 지금 가장 적절한 처신이 무엇인지 알게 되고 지금 밟아야 할 단계가 자연스럽게 찾아온다.

그 의미를 다 알 때도 있고 모를 때도 있다. 다만 믿고 나아가면 길이 열린다.

의미를 몰랐더라도 훗날 돌아보면 그것이 모두 필요한 과정이었다는 것을 알게 된다.

살다 보면 시집의 제목처럼 지금 알고 있는 것을 그때도 알았더라면 하는 마음이 생길 때가 있다. 우리가 지나쳐온 과거에도 나이가 들어서 혹은 목숨이 얼마 남지 않았을 즈음에 깨닫게 되는 지혜를 알았더라면 번민하거나 괴로워하는 데 시간을 낭비하지 않고, 모든 순간에 정성을 다하고 충실했을 것이다.

작은 괴로움에서 도망치느라고 더 큰 문제를 일으키지 않았을 것이다. 빨리 성취하려고 의롭지 못한 수단을 쓰다 자멸하는 일은 없었을 것이다. 요행수를 바라고 무리한 일을 벌이느라 온갖 마음을 쓰지 않았을 것이다. 그저 주어진 하루하루에 충실하고 주어진 모든 날 속에서 즐거움을 찾았을 것이다.

삼가는 것은 가을에 웃자란 쭉정이를 낫으로 잘라내듯, 지금 시절에 맞지 않게 웃자라는 마음을 잘라내는 것이다. 마음이 분산되는 것을 거두어들이는 것이다. 용지불분 내응어신(用志不分 乃凝於神), 뜻을 나누지 않으면 신이 함께 응하는 법이다.

마음을 하나로 한다는 것은 마음을 한결같이 하나로 한다는 것이다. 그리고 그것은 마음을 지금 여기에 있게 한다는 것이다.

전일하게 하는 마음공부

마음을 하나로 하는 것은 도심 하나로 나아가면 된다는 것이다. 도심이 적절한 인심을 발휘하게 하기 때문이다. 그리고 마음을 하나로 한다는 것은 마음이 어디에도 달아나지 않고 지금이라는 것 하나에 충실한 것을 말한다.

주자는 말했다.

옛사람은 어렸을 때부터 전일(專一)하게 하는 공부(주일무적하는 마음을 하나로 하는 공부)를 했으니, 활을 쏠 때 마음이 여기에 있지 않다면 어떻게 과녁에 적중할 수 있겠는가? 말 타는 것을 배울 때 마음이 여기에 있지 않다면 어떻게 말을 부릴 수 있겠는가?

독서와 숫자의 이치를 배우는 것도 이와 마찬가지다.

어렸을 때부터 이런 공부를 하지 않았다면 어쩔 수 없다. 지금부터라도 이 공부에 착수해야 한다. 만약 이 전일하게 하는 공부를 하지 않는다면, 책을 읽어 올바름과 이치를 배운다 해도 흡사 집을 세울 때 기반이 되는 땅이 없어서 기둥을 올릴 곳이 없는 것과 같다. 전일한 마음이 존재한 연후에 학문이 돌아갈 곳이 있는 것이다. 마음이 복잡하고 혼란스러워 마음이 갈 곳을 잃는다면, 학문 역시 갈 곳을 잃고, 그 실질적인 공효도 없을 것이다. 따라서 정자가 삼감으로 공부를 바르게 나아가도록 한 것이 이러한 이유 때문이다.

◇◇◇◇◇◇◇◇◇◇◇◇

古今自少小時 便做了這工夫 如學射時 心若不在 何以能中 學御時 心若不在 何以使得馬 書數亦然 今旣自小不曾做得 不奈何 須著從今做去 若不做這工夫 却要讀書看義理 恰似立屋無基址 且無安頓屋材處 得此心有箇存主 然後爲學便有歸著 若此心雜然昏亂 自無頭當 却學從那處去又何處是收功處 故程先生須令於敬上做工夫 正爲此也

여기서 학문은 주로 성인이 되는 공부를 말하니, 수신하는 공부를 말하고, 공효는 수신을 통해서 세상 속에서 공을 세우고, 실력을 쌓고, 재화를 활용하는 실천적인 성과를 말한다. 경, 삼감을 통해 마음을 전일(마음과 힘을 하나에만 쏟음)하게 하나로 하는 것이 수신의 근본이라는 말이다. 수신뿐 아니라 말을 타고, 활을 쏘고, 독서를 하고, 숫자를 배우는 것 같은 현대에 비유하면 일을 하고, 성장하고, 성과를 내는 데도 이 마음을 전일하게 하는 훈련이 기반이 됨을 역설하고 있다.

신독해 마음을 하나로 만들어야 수신도 하고 성공도 한다. 여기서 삼감은 마음이 돌아다니지 않고 지금 여기에 있게 하는 것이다.

10장

지성여신(至誠如神) : 너희도 신이 되리라

한계를 넘어

지성여신은 6장에서도 정자의 말을 빌려 잠깐 언급했다.

너희도 신이 되리라는 다소 과격한 제목을 붙이기는 했지만, 착각하지 말아야 할 것은 사람이 신과 같아진다는 것, 신과 분별할 필요가 없다는 것은 신과의 강력한 연결이 한결같이 지속된다는 것이며, 둘이 완전히 같은 것이라는 말은 아니다. 기질지성(氣質之性, 구체적이고 상대적인 고유한 인성과 기운)을 가진 인간을 통해 본연지성(本然之性, 보편적이고 절대적인 본성과 기운, 천지지성天地之性이라고도 함)인 신의 뜻과 지혜와 에너지와 도리를 볼 수 있다는 것이지, 본연지성인 천리와 기질지성인 인간이 똑같다는 말은 아니다.

말 그대로 접속하고 연결하는 것이다. 구글의 서버 컴퓨터에 내 PC나 스마트폰이 접속해 구글의 정보를 읽고 동영상을 감상하지만, 내 PC가 구글의 서버 컴퓨터는 아닌 것처럼 말이다.

많은 사람이 자기 자신의 본질에 대해 깊이 있게 생각하는 시간을 마련하지 않는다. 자기 자신을 공기처럼 당연한 것으로 여긴다. 하지만 모든 판단과 선택의 근거가 되는 것이 자기 자신이다. 자기 자신의 생활 리듬과 사고방식이 어떤 방식으로 구동되는지 정확히 파악하는 것은 삶에서 매우 중요한 일이다.

하이데거는 철학은 존재에 대해 심오한 질문을 늘 던져왔다고 전제한 후 이런 질문에 답하려면 존재하는 것에 문제를 발생시키는 그 존재에 대해 먼저 분석해야 한다고 했다. 그것은 우리 자신이고, 그렇다면 우리가 분석해야 할 실체는 우리 자신이라는 것이다.

우리는 세상에 반응하면서 많은 어려움과 난관에 봉착한다. 그렇다면 이 세상에 대해 반응하면서 문제를 발생시키는 자기 자신에 대해 먼저 알아야 한다. 철저하게 나 자신을 재발견하는 과정을 거쳐야 내가 지금 무엇으로 살아가는지, 앞으로 어떻게 살아갈지 알 수 있다.

철학자들이 인간 자체에 대해 철학을 하듯, 우리가 문제를 해결하며 행복하게 잘 살려면 나 자신에 대해 사유하는 시간이 있어야 한다.

쇼펜하우어는 인간 개개인이 2가지 이유로 자신의 세계를 한정하고 있다고 했다. 첫째는 광대한 세계에 대한 내 관찰력의 한계이며, 둘째는 나의 의지를 포함한 광대한 우주의 의지에 대해 내 경험이 한계를 갖고 있기 때문이다.

내가 생각하는 세계는, 내가 경험하지 못한 사물과 우주의 의지를 포함하지 않는다. 쉽게 말해 내 세계는 내가 경험하지 못한 것은 알 수 없다는 말이다. 결국 나의 한계를 세계의 한계로 믿게 되는 것이다.

쇼펜하우어의 이러한 주장은 쉽게 납득할 수 있다. 이 말은 역으로 나 자신의 한계에서 벗어날 때 새로운 세계가 열린다는 것이다.

지금 자신이 살고 있는 세계보다 더 넓은 세계로 나아가고 싶다면, 철저하게 자신을 발견해야 한다. 어쩌면 우리는 지금 알고 있는 우리 자신보다 더 위대한 그 무엇일 수 있다.

모든 정성을 기울여 자기 자신이 무엇인지 정확히 깨달았을 때 우리는 새로운 세계로 진입할 수 있을 것이다.

지금 이 현실을 지극하게 살아야 한다. 그때 최고 역량도 발휘할 수 있고, 기적 같은 변화도 생기는 것이다.

인간에게는 아직 밝혀지지 않은 능력이 많다. 예를 들어 아주 짧은 순간 다른 세계에 잠시 갔다 오는 경험을 할 수도 있다.

어느 유명한 등반가가 벼랑 끝에 매달려 구조를 기다리며 목숨이 경각을 다투는 상황, 몇 초간 눈을 감은 동안 그 짧은 꿈속에서 집에 친구들을 초대해 대화를 나누고 산해진미에 비싼 술과 만찬을 즐기는 시간을 보냈었다고 했다.

이븐 알렉산더는 하버드 신경외과 의사인데 임사(臨死) 체험을 하고 나서 당시의 경험을 쓴 『나는 천국을 보았다』로 유명해졌다. 책에 이런 이야기가 있다. 스카이다이빙이 취미였는데, 한 번은 비행 도중 친구의 낙하산이 자기 바로 위로 펼쳐지면서 그 낙하산으로 빨려들어 두 사람이 충돌해 온 몸이 산산조각 나는 데 1초도 걸리지 않는 상황이 되었다. 스치기만 했어도 팔이나 다리가 떨어져 나갔을 것이라고 한다.

알렉산더는 친구의 보조 낙하산을 본 순간 두 팔을 벌리고 몸을 펴서 머리를 아래로 숙였다. 다이빙 자세를 취하면서 엉덩이를 약간 구부렸다. 몸을 날개처럼 만든 다음 엉덩이를 구부린 덕분에 순식간에 수평 이동을 하게 되었고, 친구의 낙하산을 아슬아슬하게 지나칠 수 있었다고 한다. 친구의 낙하산을 보는 동안 슬로 모션으로 움직이는 영화처럼 세상이 보였고, 마이크로 초(100만 분의 1초) 단위로 움직임을 포착하고 판단할 수 있었다고 한다.

현실, 지금 현재에 집중하는 것은 이 같은 초인적인 역량을 발휘할 수 있게 한다. 우리가 이 정도까지는 아니라도 좀 더 나은 능력을 살려면 오직 지금 여기에 정성을 다하는 삶을 살아야 한다.

정성을 다하면 도리에 맞는다

마음을 전일하게 하는 것은 지금 여기에 지성(至誠)을 다하는 것이다. 지금 여기에 정성을 다한다. 『중용』은 그렇게 하면 우리가 신과 같이 될 것이라고 했다. 그것이 의미하는 것이 무엇인지 궁금하다.

매사에 정성을 다하는 지성으로 해야 한다. 올바름을 구하고 성실히 하는 것이 성(誠)이다. 이러한 성실함, 정성스러운 노력이 우리를 본성으로 돌아가게 한다. 본성으로 돌아가면 강하고 밝고 행복하게 된다. 그래서 지성이란 하루하루를 행복하게 살아가게 하는 기초 원리이면서 신과도 통하게 되는 가장 고원한 이치다.

성(誠)은 2가지 개념으로 나뉜다. 『중용』의 성과 『대학』의 성이 조금 다르다.

주자는 이렇게 말했다.

성은 진실함이다. 하지만 경전에서 사용한 바가 각기 다르니 하나로 말하기는 어렵다. 주돈이는 성을 가리켜 성인의 근본이라고 했다. 모두 진실한 이치가 있음을 말한 것으로 『중용』에서는 천하의 지성(至誠)을 가진 자를 말했다. 사람이 실제로 이러한 이치를 갖고 있음을 말한 것이다. 사마광의 성은 『대학』의 성이니 뜻을 성실하게 한다는 것이다. 사람이 그 마음을 진실하게 해, 자기 자신을 속이지 않는 것을 말한다.

◇◇◇◇◇◇◇◇◇◇◇◇

朱子曰 誠之爲言 實也 然經傳用之 各有所指 不可一 槩論 如周子謂誠者

聖人之本 蓋指實理而言 卽中庸所謂天下至誠者 指人之實有此理者而言
也 溫公所謂誠 卽大學所謂誠其意者 指人之實其心而不自欺者也

주돈이와『중용』이 말하는 성의 이치는 하나이니 천하의 근본이고, 성인의 근본이다. 사람에게는 지성이 있으니, 인간 역시 이 지극한 이치를 갖고 있다.

『대학』의 성은 이보다 협소한 의미이니 도학을 공부하는 사람이 먼저 자신을 속이지 않는 것으로, 뜻을 성실하게 해야 한다는 의미다. 자신을 속이지 않는 것을『대학』에서는 무자기(毋自欺)라 하고, 뜻을 성실하게 하는 것은 팔조목 중 하나인 성의(誠意)다.

『중용』의 성은 신독이라는 방법을 통해서 이르는 상태고,『대학』의 성은 신독과 유사한 방법에 해당하는 경향이 강하다.

『중용』이 세계의 근본과, 인간 수신의 근본을 밝히는 철학적 성향이 강하다면,『대학』은 삼강령과 팔조목이 사람과 세상을 다스리는 치인에 방점을 두고 있다. 그래서『중용』이 수기(修己)와 선(先)이 되고,『대학』은 치인(治人)과 후(後)가 되며,『중용』이 체(體)가 된다면『대학』은 용(用)이 되는 것이다. 그런 차원에서『대학』의 성은 협소하면서도 실용적인 성향이 강하다.

『중용』은 또 말한다.

무릇 천하 국가를 위하는 것은 아홉 덕목이 있으나 그것을 실천하는 것은 오직 하나로 일관된다. 한 글자가 성이니 성이 없으면 9가지가 모두 헛된 것이다.

◇◇◇◇◇◇◇◇◇◇◇◇

凡爲天下國家 有九經 所以行之者 一也 一者誠也 一有不誠 則是九者皆
爲虛文矣

나라를 다스리는 구경(九經) 즉, 아홉 덕목은 자신을 닦음, 어진 이
를 높임, 친척과 친밀함, 대신을 공경함, 신하를 살핌, 백성을 사랑함,
백공(百工, 온갖 장인)을 오게 함, 외지 사람을 회유함, 제후를 은혜롭게
함이다.

나라를 다스리든 자신을 다스리든 그 핵심은 성에 있다. 중도를 굳
이 찾지 않아도 성을 다하면 중도에 맞는다. 성은 삼감으로부터 시작
한다. 마음이 아무렇게나 내달리는 것을 삼가고, 언행이 함부로 되는
것을 삼가서, 한결같이 성실하게 행하면 성에 도달한다. 그러면 중도
에 맞아 편안하고 즐겁게 된다.

지성은 신과 같다

『중용』은 심지어 성(誠)이 신과 통하는 경지라고 했다.

성은 하늘의 도다. 성은 사람의 도다. 성은 애쓰지 않아도 중도에 맞
고, 생각하지 않아도 얻을 수 있다. 몸가짐이 중도에 맞으니 성인의
경지다. 성이라는 것은 선을 택해 변하지 않는 것이다.

誠者 天之道也 誠之者 人之道也 誠者 不勉而中 不思而得 從容中道 聖
人也 誠之者 擇善而固執之者也

중도를 찾기 위해 생각하고 애쓰지 않아도 오로지 성으로 행하면
맞게 된다. 그래서 성은 성인의 경지라고 했으며, 정성스럽게 하는 것
은 곧 선한 것이고 변하지 않는 것이다. 그래서 성은 성인의 경지이
며, 나아가 신과도 통하는 것이다. 그리고 신과 통하는 경지는 신적인
지혜와 힘을 갖는 것을 말한다. 지성(至誠)이 신(神)과 같다는 것을 『중
용』은 이렇게 말했다.

지성의 도는 앞을 내다볼 수 있게 한다. 국가가 흥왕하려면 반드시 상
서로운 기운을 만나게 되고, 국가가 망하게 되려면 반드시 요사스러
운 일이 있으니 시초와 거북점으로 드러나게 되니, 만물의 움직임에
서 나타난다. 화복이 장차 이르게 되는 것을 좋은 것도 먼저 알게 되
고, 좋지 못한 것도 미리 알게 된다. 따라서 지성은 신과도 같다.

◇◇◇◇◇◇◇◇◇◇◇◇◇◇

至誠之道 可以前知 國家將興 必有禎祥 國家將亡 必有妖孽 見乎蓍龜 動
乎四體 禍 福將至 善 必先知之 不善 必先知之 故至誠如神

앞날을 미리 내다본다는 것은 대단한 지혜를 갖게 되는 것을 말한
다. 『중용』과 『역경』은 모두 앞날을 내다보는 것을 중요하게 생각했
다. 앞날을 내다보는 지혜가 있어야만 대비할 수 있고 적절한 처신을
할 수 있기 때문이다. 앞날을 내다보는 것은 신의 지혜와 통하는 것이

다. 지성은 바로 그러한 능력을 구비하게 한다.

많은 유명 인사를 만나서 대화를 나눌 기회가 있었는데, 그분들이 하는 공통 이야기 중 하나가 몰입하면 직관이 생긴다는 것이다. 된다고 생각하는 일은 되고, 될까 말까 확신이 서지 않는 일은 안 되는 경우가 많았다고 한다.

최근에 만난 유명 제조업체의 회장도 외국의 공룡 기업과 과거에 송사를 벌인 일이 있었는데 주위에서 다 말렸지만 밀어붙여서 끝내 이겼다. 이 일은 당시 언론에서도 크게 다룬 적이 있다. 이 일뿐 아니라 사업 아이템을 선정하고 추진하는 일도 극도로 몰입하면 직관과 혜안이 열리면서 길이 보였다고 했다.

이것이 바로 지성여신(至誠如神)이다.

오락가락하면서 미래에 대해 고민하고 번뇌하는 데 많은 시간을 낭비하지 않도록 하자. 천명에 맡기고 지금 눈앞에 놓인 일을 지성으로 할 때, 앞날에 대한 지혜와 직관은 자연스럽게 열린다. 번뇌를 버리고 오직 여기에 지극한 정성을 다하는, 지성은 우리에게 신적인 지혜와 힘을 가져다줄 것이다.

여기에 대해 순차적으로 구분해 생각하면 믿음은 힘, 기운, 에너지를 낳고, 지성은 지혜를 낳는다.

이 말은 첫째, 신과 자신에 대한 절대적 믿음은 내 기운이 분산되지 않도록 하고, 신에 대한 믿음이 있기에 오직 도리에 근거해서 자신을 속이지 않고, 어떤 일을 맞아서도 당당하게 임할 수 있게 하니 마치 순풍에 돛을 단 것처럼 강력한 신의 근원적 기운으로 나아갈 수 있다. 둘째, 하나에 몰입하고 집중하는 지성은 미래를 내다보는 신 같은 혜

안, 직관, 지혜를 가져다준다.

그러니 지성여신(至誠如神)의 비결은 2장에서 강조했던, 믿음 부분을 좀 더 보강해 정리할 수 있다. 신 같은 기운과 지혜는 절대적인 믿음으로 물이물우(勿貳勿虞, 두 마음을 품고 근심하지 않는 것)하고, 그것을 바탕으로 지금 여기에서 지성(至誠)을 다함으로써 얻게 되는 것이다.

천지의 일에 참여하다

지성을 발휘하는 자는 천지의 일에 참여해 만물을 길러낸다. 바로 천지인(天地人)의 도가 완성이 되는 것이다. 『중용』은 말한다.

오직 천하의 지성으로만, 그 본성을 다 발휘할 수 있을 것이다.
그 본성을 다 발휘하는 자가 다른 사람의 본성을 발휘하도록 할 것이다.
사람의 본성을 다 발휘하도록 하는 이가, 만물의 본성을 발휘하도록
할 것이다. 만물의 본성을 발휘하도록 하는 자가, 천지가 만물을 길러
내는 것을 도울 수 있을 것이다. 천지의 화육을 돕는 이가, 천지와 더
불어 셋이 되는 것이다.

◇◇◇◇◇◇◇◇◇◇◇◇◇

惟天下至誠 爲能盡其性 能盡其性則能盡人之性 能盡人之性則能盡物之
性 能盡物之性則可以贊天地之化育 可以贊天地之化育則可以與天地參矣

참(參)은 참여하다는 뜻이고, 삼(參)이라고 읽을 때는 셋이라는 의미

다. 따라서 여천지참(與天地參)은 천지의 일에 참여하다, 즉 천지의 일에 참여해 만물을 길러낸다고 해석하면 된다. 여천지삼으로 읽을 경우에는 더불어 셋이 된다는 식으로 해석하는데, 천지인의 도리를 완성한다는 것으로 『역경(易經)』의 이치와 맥락을 함께하는 해석이다.

지성을 통해 본성을 발휘하는 사람은 천지의 흐름과 조화롭게 어울리는 사람이다. 음악에 몸을 맡기며 춤을 추는 것처럼 천지의 흐름에 몸을 맡겨 자신의 색깔대로 살아가는 것이니 늘 즐겁고 편안하다.

이러한 사람은 자연스럽게 자신뿐 아니라 다른 사람이나 사물도 자신의 본성을 찾을 수 있도록 돕는다. 만물을 있어야 할 제자리에 두는 것이며, 만사를 도리에 맞게 처리하니, 누구나 그를 보고 배우고 따르게 되는 것이다. 이렇게 만물을 길러내는 것이다. 천지는 이러한 사람과 더불어 기쁘게 생생불식(生生不息, 끝없이 생성하며 쉬지 않다)하며 운행하는 것이니 만사가 여의하게 된다. 이것을 여천지참이라고 한다.

성실함은 만물이다

이러한 지성은 곧 『역경』에서 말한, 자강불식(自强不息, 스스로 강건해 쉬지 않고 운행하는 천지의 모양)하는, 무한히 지속되는 천지의 이치와 하나로 보아 만물의 생성 원리로까지 존중된다. 지성이 곧 천지의 도가 되는 것이다. 『중용』은 말한다.

성은 스스로 이루는 것이다. 도는 스스로 도인 것이다. 성은 만물의 시작과 끝이다. 성이 없으면 만물이 없다. 따라서 군자는 성으로 귀하게 된다. 성은 자기를 이루는 것을 넘어 만물을 이루게 하는 바가 있으니, 자신을 이루는 것이 어짊이 되고, 만물을 이루는 것이 지혜가 된다. 본성의 덕이 안팎의 도를 합하니, 시기와 무관하게 늘 마땅한 것이다.

∞∞∞∞∞∞∞∞∞∞∞

誠者 自成也 而道 自道也 誠者 物之終始 不誠 無物 是故君子 誠之爲貴 誠者 非自成己而已也 所以成物也 成己 仁也 成物 知也 性之德也 合內外之道也 故 時措之宜也. 故至誠無息

지성은 쉬지 않는다는 대목, 지성무식(至誠無息)은 『역경』의 건괘에 관한 설명에서 나오는 천지의 자강불식(自强不息)을 연상케 한다.

자신을 이루는 것은 자신의 어짊이 되는 것이고, 만물을 이루는 것은 지혜다. 본성 안의 도는 어짊이고, 밖의 도는 지혜다. 이 안팎의 도를 합한 것이 성이고 이것은 언제나 마땅한 것이다. 언제나 마땅하다는 것은 『중용』에서 일상에서 중도가 변함없이 유지되는 것을 의미하는 용과 통한다.

정리하면 성은 만물의 시종으로 스스로 이루는 것인데, 사람에게 적용하면 지혜와 어짊으로 나타난다는 말이다. 지혜를 안으로 어짊을 밖으로 해석해도 이상할 것은 없다. 그저 수기치인(修己治人) 같은 맥락으로, 자신을 이루고 남도 바르게 만든다고 해석하면 될 것이다. 결국 지혜와 덕을 모두 갖추게 하는 것은 만물의 시종인 성에 있다는 것이다. 이 성에 이르는 길이 신독이다.

자신을 닦는 수기의 도리, 치인의 도리 모두 신독에 있다. 시종에 함께 있는 것이다. 그래서 정자는 말했다. "하늘의 덕을 가져야 왕의 도리를 말할 수 있다. 그 요체는 단지 신독에 있을 뿐이다.(有天德 便可語 王道 其要只在謹獨)"

하늘의 덕을 받아야 패도가 아닌 왕도 정치를 행할 수 있다. 따라서 왕도를 실천하고자 하는 이는 천덕을 받을 생각을 해야 하는데 요체는 신독에 있다. 한 사람에게서도 마찬가지다. 자신의 정신, 자신의 몸, 자신만의 왕국을 바로 세울 수 있으려면 요체인 신독을 알고 실천해야 한다. 신독을 통해 천인합일의 경지인 성(誠)에 도달하는 것, 그것이 자기 삶의 주인공으로 살아가는 길이다.

신독인 연대

화이부동(1장)에서 잠복위소(4장)까지는 신독의 기본 의미를, 지기소지(5장)에서 지성여신(10장)까지는 신독의 실천 방법들을 이야기했다. 끝으로, 이 방법을 알고 있는 것만으로는 부족하다. 신독을 실제로 힘써 실천하는 것을 이 책의 마지막 장으로 삼으려고 한다.

11장을 시작하기 전에 한 번쯤 생각해보고 싶은 것이 있다. 신독하는 사람의 관계, 그들의 공동체는 어떤 것일까? 이 책의 처음으로 돌아가 보자. 초개인 완전 연결 사회를 맞아 앞으로의 세계는 분산과 통합이 합일된, 화이부동(和而不同)하는 신독인 공동체가 되어야 한다. 신독으로 변한 사람, 그 신독인들끼리 연대해 새 시대에 맞는 새 공동체를 만들어 나가야 한다.

　신독인은 영혼이 없는 기계 야수 인간이 되지 않기 위해 늘 깨어 있어야 한다. 유명한 프랑켄슈타인에 관한 이야기가 있다. 영국의 작가 메어리 W. 셸리가 쓴 소설 제목이자 주인공 이름이다. 프랑켄슈타인은 괴물이 아니라 괴물을 만든 과학자의 이름이다. 이 소설에서 제네바의 물리학자 프랑켄슈타인은 시체를 이용해 2미터가 넘는 괴물을 만들어낸다. 이 괴물은 자신을 만든 과학자의 동생과 신부를 죽였고, 복수심으로 가득한 과학자는 그 괴물을 찾아서 북극까지 쫓아갔다가 배 안에서 비참한 죽음을 맞이한다. 괴물은 시체를 기워서 만든 추악한 자신의 형상을 증오했다. 기계와 기술로만 만들어진 시체처럼 영혼이나 정신이 없는 괴물, 그것이 기계 야수형 인간일 것이다. 그것을 만든 프랑켄슈타인은 괴물을 만든 대가로 사랑하는 이들을 잃고, 오랫동안 그 괴물을 상징하는 인물로 불리게 되고 말았다.

　신독인은 기계 야수 같은 인간이 되어, 자신을 영혼이 없는 프랑켄슈타인이나 아귀처럼 망가뜨리고 사람을 극한 경쟁으로 내몰거나 약자를 희생양으로 삼지 않는다. 자신의 이익을 위해 동일시로 사람을 망상에 빠뜨리거나, 편을 나눠 다른 집단이나 개인을 공격하지 않는다.

　자기 삶의 주인공으로 자립할 수 있는 사람은 다른 사람에게서 기운을 얻지 못해 갈애(渴愛, 목마른 욕구)에 빠지거나, 타인의 기운을 빼앗기 위해 공격하지 않는다.

　절대적 천리와 연결되어 있는 신독인들은 상향 비교로 절망하며 타인을 경원(敬遠, 공경하는 척하지만 멀리함)시하거나, 하향 비교로 자만에 빠져 상대방을 무릎 꿇리지 않는다. 각자를 보편적이면서 고유한 존재로 인정한다. 천리를 공경하는 마음으로 상대방을 공경하고, 세상에 하나밖에 없는 명품처럼 상대방을 소중하게 여긴다.

신독인은 신독으로 신과 합일해 화이부동(和而不同)할 것이다. 천리를 바탕으로 각자의 분수를 지켜 고유와 보편의 이중주로 조화로운 세상을 살아갈 것이다.

자고로 천지에 변함없는 진리는 비슷한 것들끼리 모인다는 것이다. 영혼이 구원받는 것은 특정한 사원(寺院)에 열심히 다니고 면죄부 발행받듯 사원에 돈을 갖다 바친다고 구원받는 게 아니다. 계율을 열심히 지킨다고 구원받는 게 아니다. 사원이나 계율 등이 중요한 게 아니다. 천지는 그렇게 어리석지 않다. 중요한 것은 진실이며 실체다.

하수구의 쥐들은 오물에 집착해 그곳을 떠날 생각을 하지 않고, 다람쥐는 맑은 공기와 아름다운 꽃들이 피어나는 숲속에서 다람쥐들끼리 산다. 아귀 같은 이들은 어느 천지에서든 점점 더 아귀들끼리 모인 세상으로 갈 것이고, 신독하는 군자는 어느 천지에서든 점점 더 그러한 공동체들끼리 모인 곳으로 갈 것이다. 천하의 영웅호걸도 하루살이에 불과하고, 우주라는 더 넓은 천지에 창해일속(滄海一粟, 푸른 바다에 조한 알)일 뿐이다. 100년도 안 되는 한 생에서 배우고 익힌 짧은 식견으로 오만하게 무궁한 천지를 재단하고, 함부로 생을 살아서는 안 된다.

작(作)하지 말고 먼저 구(求)하라 했다. 누천년 성현들의 존재에 관한 지혜를 겸허히 구하자. 성현들은 우리에게 속삭인다.

"땅으로 귀(歸)할 것은 귀(鬼)가 되고, 하늘로 신(伸, 펼 신)할 것은 신(神)으로 화(化)한다. 가벼운 것은 떠오르고 무거운 것은 가라앉는다. 구원받을 영혼이 있어야 구원받는다."

11장

실용기력(實用其力) :
겸허한 마음으로 실천한다

우월감 환상

내가 남들보다 좀 더 나은 지혜를 갖고 있다고 해서 오만해지면 안된다. 아무리 많이 알고 있어도 실천으로 변하지 못하면 소용없다.

자신을 갈고닦는 데 부지런하지 못했던 우리 같은 일반 대중은 언제나 자신만의 오만한 착각에 빠지기 쉽다.

심리학에 우월감 환상과 조명 효과라는 말이 있다.

대학 1학년 때를 떠올려보면, 조명을 받은 것 같은 풋풋한 신입생의 얼굴이 보인다. 신입생의 낯빛은 자신감으로 흘러넘친다. 세상이 조그맣게 보이고, 세상이 나를 중심으로 돌아가는 것 같다.

심리학에서는 이것을 우월감 환상이라고 한다. 잘못된 선입견 중 하나로 자신이 남들보다 더 특별하게 느끼는 것이다.

예전에 어떤 여성이 자신이 세상에서 가장 예쁘다는 착각을 하고 산다고 했다. 착각인 줄 알고 그 착각을 하고 산다고 했으니 다행이다. 어쩌면 많은 남자는 자신이 세상에서 가장 잘나고 유능한데 환경이나 여건이 안 받쳐줘서 그런다고 생각할지도 모른다. 그게 바로 전형적인 우월감 환상이다.

우리가 살아가면서 그 환상이 깨지는 경험을 한다손 치더라도, 우월감 환상이 완전히 사라지기는 어렵다. 그 우월감의 씨앗은 잠재의식 속에서 사라지지 않고 여전히 어디엔가 남아 나를 망가뜨리게 할 것이다.

사업가나 전문직 종사자, 관료, 모든 직업에서 일군의 성취를 거둔 사람이 성공한 이후에 망가지는 것은 자만심의 뿌리를 잠재의식 속에 억눌러놓았을 뿐, 왜 불필요한 허상인지를 가슴 깊숙이 체득하지 못한 탓이다. 그래서 언젠가 다시 불씨가 살아나 그들을 무너뜨리거나 어려움에 처하게 하는 것이다.

자수성가의 함정이란 말도 있다. 자신의 힘으로 성공을 거둔 사람은 그 성공의 법칙에 지나치게 집착하는 경향이 있고, 자신의 판단이 항상 옳다는 독선에 빠진다는 것이다. 성공 중 가장 멋진 성공은 어려운 여건에서 고군분투해 이룬 자수성가임에는 분명하지만 여기에도 약점은 있는 셈이다.

조명 효과란 말도 있다. 불빛이 자신에게만 비춘 것처럼 남들이 자신에게 주목할 것이라고 생각하는 것이다.

대학교 때 한 여학생이 주스를 티셔츠에 흘렸다. 주스 색은 티셔츠 무늬와 잘 어울려 입고 있는 티셔츠는 오히려 더 예뻐 보였다. 오후에 보니 여자 후배는 다른 티셔츠를 입었다. 신경 쓰인 나머지 새 옷을 샀다는 것이다. 사람은 누구나 자신이 실제로 받고 있는 관심 이상으로, 다른 사람이 자신을 지켜보고 바라보고 관심을 갖고 있다고 착각하는 경향이 있다.

세속에서 일정한 성과를 거둔 사람은 물론이고, 천리를 접하고 그 전율을 맛본 경험이 있는 사람도 마찬가지다. 그 짧은 틈에 본연지성(本然之性)이 아닌 기질지성(氣質之性)인 자아가 튀어나와 자신이 대단한 사람이라고 착각하는, 자아가 과잉되는 경험을 한다. 그것은 자칫 조명 효과나 우월감 환상 같은 망상으로 이어져 세상과 사람과 불화하고, 천리와 연결은 끊어지고, 자신의 삶을 힘들게 한다.

겸허한 마음으로 자신을 속이지 않는다

신독은 수신의 근본으로 먼저 겸허해지는 것이다.

『대학』은 말한다.

뜻을 성실하게 하는 것은 스스로 속임이 없다는 것이다. 악취를 싫어하는 것과 같고, 아름다운 이성을 좋아하는 것과 같으니, 이것을 자겸이라고 한다. 따라서 군자는 그 홀로 있을 때를 삼간다.

◇◇◇◇◇◇◇◇◇◇◇◇

所謂誠其意者 毋自欺也 如惡惡臭 如好好色 此之謂自謙 故君子必愼其獨也

자겸(自謙)이란 스스로 겸허함, 양심을 속이지 않음이다. 주자는 흔쾌히 만족함이라고 했다. 위 문장은 볼 때마다 매끄럽지는 않다는 생각이 든다.

여하간 뜻은 통한다. 군자는 겸허하고 양심을 속이지 않고, 주어진 그대로를 흔쾌히 만족해 받아들이기에 요행을 바라고 세상을 속이려 들지 않는다. 세상을 속이려 들려거든 선과 정직이 옳고, 악과 거짓이 싫다는 것을 알고 있는 자신을 먼저 속여야 하는데, 그렇게 할 수 없기 때문이다.

군자는 자신을 속이는 것을 악취를 싫어하는 것처럼 싫어하고, 선을 따르는 것을 아름다운 이성을 좋아하는 것처럼 좋아한다.

무자기(毋自欺, 자신을 속이는 바가 없음)하고, 선을 지키고, 자겸하는 것이 성의(誠意)다.

대체로 뭇사람이 이렇게 뜻을 성실히 하는 것은, 사람을 만났을 때나 외부에서는 그렇게 하지만 아주 가까운 사람과 있거나 혼자 있을 때는 그렇게 하지 않는다. 하지만 군자는 세상을 속일 수 없고, 자신을 속일 수 없다는 것을 알기에 혼자 있을 때도 한결같이 한다.

즉 군자는 남이 보지 않는 곳에서 홀로 있을 때도 무도한 말과 행동을 하지 않고, 올바름을 지킨다. 홀로 있을 때를 삼가는 것이다.

결국 이 신독하는 군자의 삶의 방식을 조금 더 들여다보면, 특정한 남의 평가나 시선으로부터 독립되어 있다는 것을 알 수 있다.

그것은 중용의 도와 통한다. 무엇인가에 치우치지도 의지하지도 않는 것이다.

따라서 이렇게 말할 수 있다.

군자는 남을 만족시키기 위해 살지 않기에, 스스로 만족하면서 산다. 그 자신은 악을 싫어하고, 자신을 속이기를 싫어한다.

군자는 남을 위한 선이 아니라 자신을 위한 선을 따르기에, 홀로 있을 때도 삼가며 선을 따른다. 이 선은 중도를 말한다. 즉 삼가서 지나치거나 부족함이 없게 한다는 말이다.

군자는 매일 주어진 삶에서 특별한 행운을 바라지 않고, 속이지 않고, 악행하지 않고, 중도를 지키는 삶에 스스로 만족한다. 그것이 천명에 맞기에 몸과 마음이 편안해지고 만족스럽기 때문이다. 삼가는 것은 정성으로 현실을 온전히 살기에, 바른 도리에 관한 지혜가 자연스럽게 열린다. 그러한 군자는 늘 현재를 긍정하며 미래에 대한 희망적인 믿음으로 나아간다. 그것은 막연한 낙관과 다르다.

낙관은 자신을 속이는 것이고, 긍정은 철저히 현실에 발을 디딘 것이다. 긍정은 자신이 부족한 점을 직시하기에 더 열심히 공부하고, 정보를 수집하고, 힘써 노력한다.

심리학은 낙관과 긍정의 차이에 대해 우리에게 알려준다. 낙관은 막연한 기대다. 긍정은 노력과 정보를 바탕으로 희망을 갖는 것이다. 이러한 긍정은 플라시보 효과를 일으킨다. 플라시보 효과란 믿음이 효과를 일으키는 것이다. 가짜 약인데도 약이라고 먹으면 효과를 발휘한다는 것이다. 이것은 마음의 힘이 얼마나 강력한가를 보여주는 사례다. 자기가 믿는 대로 되는 것이다. 따라서 희망적인 자기 암시는 매우 중요하다.

하지만 이것이 막연한 낙관이 아니라 노력과 정보를 바탕으로 하는 희망이고, 긍정이어야 한다. 환상에서 벗어나 현실을 바탕으로 실천하며 자신만의 긍정적인 암시를 만들어내는 것이 주인공의 삶이다.

신독하지 않는 소인배의 오만함

그렇다면 소인은 왜 신독하지 않는가? 하늘의 도리를 알면서도 우습게 여기는 오만함, 혹은 의심해서 혹은 힘써 실천하지 않아서 혹은 습관이 붙지 않아서다.

사람은 군자는 자존심이 세고, 소인은 그렇지 않을 것이라고 생각한다. 하지만 그 반대다. 오히려 군자는 세상의 이치와 도리의 무서움을 알고, 선을 지켜 나가고 주어진 것에 만족할 줄 안다. 겸허하게 하루하루를 충실하게 살아간다. 하지만 소인은 주어진 것에 만족할 줄 모르고 도리의 무서움을 모르므로 오만하며 방약무인(傍若無人, 곁에 아무도 없는 것처럼 마음대로 행동함)하다. 자신이 가진 것과 현실을 우습게 여기고 태만하면서 꿈만 꾸거나, 뜬구름 같은 요행을 찾아 무리한 일을 벌인다.

『중용』은 말한다.

선을 마땅히 행해야 하고, 악을 마땅히 제거해야 하는 것을 소인이 모르는 바가 아니다. 다만 충실히 힘써 노력하지 않았기에 이 지경에 이른 것이다. 하지만 악을 숨기려고 하나 끝내 숨기지 못하고, 거짓으로 선을 보이려고 하나 끝내 속일 수 없으니 무슨 이익이 있겠는가.

◇◇◇◇◇◇◇◇◇◇◇◇◇

則是非不知善之當爲 與惡之當去也 但不能實用其力以至此耳 然欲揜其惡而卒不可揜 欲詐爲善而卒不可詐 則亦何益之有哉

소인이 자신을 속인다고 하는 것은 선악을 이미 알면서도 악을 선택해 행하기 때문이다. 성의(뜻을 성실히 함)는 자신이 알고 있는 대로 선을 택해 따르는 것이다.

하지만 소인은 성의하지 않고, 자신의 이익을 위해 거짓으로 선을 꾸미고 자신의 불선을 숨긴다. 이것은 선과 악을 구분할 줄 알지만 세상을 속일 수 있다고 생각하기 때문이다. 이것은 오만함에서 비롯되었다.

하지만 끝내 숨길 수 없으니 소인은 자신이 얻고자 하는 이익을 얻을 수 없게 된다. "무슨 이익이 있겠는가?"는 온갖 노력이 무위로 돌아가는 소인의 행각을 한탄하는 말이다.

주가가 기업의 가치에 소급하듯 천지만물은 본성에 소급하는 본성 회귀 작용이 있다. 많이 어긋날수록 도지개를 많이 써서 자신의 바른 위치를 회복하려고 하니, 멀리 갈수록 큰 고통이 따른다. 따라서 소인은 돌고 돌아 본성의 회귀 작용에 의해서 고통을 겪으며 돌아온다. 속임으로 얻는 것이란 없다. 고단한 미래만 쌓을 뿐이다.

자신을 속이지 않고, 뜻을 성실하게 하려면 세상을 살아가는 바른 이치를 한 점 의심도 남지 않도록 밝게 알고, 삼감을 용력을 다해 실천해야 한다. 이 글귀에 나온 실용기력(實用其力)처럼 충실히 힘을 쓰는 실천을 해야 하는 것이다. 그래야 밝은 덕이 내 것이 된다.

『대학』은 말한다.

모두 마음이라는 체계를 밝힘에 미진한 바가 있다면, 그 발(發)함에 있어 반드시 충실히 용력을 발휘하지 않기에 구차하게 자신을 속인다. 혹 밝음이 있다 해도 이것을 삼가지 않으면, 그 밝은 것이 내 것이 되지 않으니 덕으로 나아감의 기초가 없다.

◇◇◇◇◇◇◇◇◇◇◇◇◇

蓋心體之明 有所未盡 則其所發 必有不能實用其力 而苟焉以自欺者 然或已明而不謹乎此 則其所明 又非己有 而無以爲進德之基

심체(心體)를 밝힌다는 것은 격물치지의 뜻이다. 격물치지한 연후에 자신을 속이지 않는 성의를 할 수 있다고 했다. 사물의 도리를 살펴고, 마음의 도리를 밝힌다. 이것이 격물치지의 지혜고, 이렇게 도리를 알고 나서 한 점의 의구심도 남기지 않게 되면 자연히 자신이 뜻이 일어날 때 성실하게 된다.

여기서 발함이란 발의(發意), 즉 뜻이 일어남을 의미한다.

마음이라는 체계를 밝히는 데 조금이라도 미진한 바가 있다면, 즉 의심이 조금이라도 남아 있다면 그 뜻이 나올 때 즉, 미발(未發)에서 이발(已發) 상태로 전환할 때(하나의 생각이 일어날 때) 힘을 충분히 쓸 수 없어 구차하게 속이게 된다는 말이다.

다음에 격물치지로 밝게 안다고 해도 삼가는 훈련을 하지 않으면, 참된 내 것은 아니니 밝은 덕으로 나아감은 없게 된다고 했다. 즉 밝은 덕을 밝혀 내 것으로 만들려면 뜻을 성실하게 해야 하는데, 밝게 아는 것과 삼가는 노력을 함께해야 이것을 얻을 수 있다는 말이다.

신독을 조금 안다는 것만으로는 부족하다. 즉 마음이 돌아가는 이치를 알아서 여기에 대해 의심하지 않을 정도의 지혜가 있어야 하고, 힘써 실천하는 노력을 모두 갖춰야 하는데 소인이 둘 중 하나가 부족하거나 둘 다 없어 신독하지 않는 것이다.

신독하지 않는 것은 곧 중용하지 않는 것이다. 군자는 천명을 두려워하며 삼가는데, 소인은 삼가지 않고 자신을 먼저 속이고, 다음으로 세상과 사람을 속이며 요행을 바란다.

신독을 통해서도 중용할 수 있다. 마음을 참되게 해 한결같이 도리에 맞게 살아갈 수 있다. 그것은 자신의 마음을 자신이 조종할 수 있는 것이다. 자기 통제력을 확보하는 것, 이것으로써 자신이라는 배를 마음대로 이끌 수 있는 방향키를 쥐는 것이다. 신독이라는 상앗대, 삶의 방향을 좌우하는 최고하는 연장을 취할 수 있으면, 중용은 자연스럽게 되는 것이다.

『중용』은 말한다.

공자 왈, 군자는 중용하고, 소인은 중용에 반한다. 군자의 중용은 군자로서 때에 맞춰 시중하는 것이고, 소인의 중용을 알아도 시중하지 않고 소인으로 거리낌이 없는 것이다.

◇◇◇◇◇◇◇◇◇◇◇◇

仲尼曰 君子中庸 小人反中庸, 君子之中庸也 君子而時中 小人之中庸也 小人而無忌憚也

소인은 중용의 도를 들어도 그것을 의심하고 믿지 않기에 거리낌 없이 행동한다.

군자는 매사에 절도에 맞춰 행동하도록 주의한다. 중용하지 않았을 때 다가올 난관을 잘 알고 있으므로 현명하게 대처하는 것이다. 매사에 절도에 맞춰 행동하기 위해 자신을 삼가는 것이 신독이다. 그래서 군자는 늘 미리 내다보고 대비해 어려움을 겪지 않고, 어려움 속에서도 의연한 것이다. 소인은 절도를 무시하고, 거리낌 없이 행동해 환란을 자초하고, 미리 내다볼 수 없었기에 어려움을 만나면 어쩔 줄 모르며 더욱 곤란으로 빠져들게 하는 무리한 행동을 일삼는 것이다.

주자는 여기에 대해 말했다.

중용은 한쪽으로 치우치지 않고, 무엇인가에 의지하지 않고, 넘치거나 부족함이 없는 일상의 이치다.

◇◇◇◇◇◇◇◇◇◇◇◇

中庸者 不偏不倚無過不及而平常之理 乃天命所當然精微之極致也 唯君
子爲能體之 小人反是

즉 천명은 마땅히 그러한 바를 따라 지극히 정밀한 것에까지 미치
니 극치의 도리다. 오직 군자만이 이것을 체화하고, 소인은 이것에 반
하는 삶을 산다.

소인은 왜 이렇게 하는가? 알지만 믿지 않는다. 진정으로 알지 못
하는 것이다. 그래서 공자는 말했다.

사람이 모두 말하기를 안다고 한다. 하지만 험지로 들어가 포획되고,
우물 속에 빠져도 알지를 못한다. 사람은 모두 안다고 말한다. 하지만
중용을 택해도 한 달을 지키지 못한다.

◇◇◇◇◇◇◇◇◇◇◇◇

人皆曰予知 驅而納諸罟擭陷阱之中而莫之知   也人皆曰予知 擇乎中庸
而 不 能期月守也

지혜로운 자가 위험한 짓을 행하는 소인에게 중용을 생각해서 두
려워하라고, 즉 신독하라고 말하면 소인은 이미 다 알고 있는 내용이
라고 코웃음 친다.

대다수의 사람이 그렇다.

성공의 비결을 묻는 사람에게 "기본에 충실하라"고 말하면 코웃음

칠 것이다.『부자 사전』에 나와 있는 말이다. "부자가 되는 길은 누구나 알고 있다. 그것을 힘써 행하는 자가 드물다."

『연금술사』로 유명한 파울로 코엘료가 말했다. "성공하는 비결은 자기 자신을 속이지 않는 것이다." 기본에 충실할 것을 이야기하면 대단한 비결을 바라고 있던 사람은 다 안다고 말한다.

"일근천하무난사(一勤天下無難事)."

하나의 부지런함이 있으면 천하에 어려움이 없을 것이다. 내가 만약 길을 묻는 젊은이에게 이 말을 해주면 겉으로 듣는 척하면서 딴생각을 할 것이다. 이것을 알지만 믿고 실천하는 일은 어렵다. 머리로 이해하는 것이 아니라 힘써 행한다는 것이 진정으로 아는 것이다. 지행일치, 아는 대로 행한다가 아니다. 지행합일(知行合一)이다. 행하는 것과 아는 것은 하나다. 진리에 대한 2가지 면모다.

머릿속에 논리적으로 정리되기 전에 직접 겪고 행한 후에 앎으로 정리된 것이 오히려 더 자연스러운 세상의 이치다. 노자가『도덕경』을 성문을 지키던 수문장의 간청에 따라 적어주기 전에 그 내용을 머릿속에 되뇌면서 생각하고 실천했겠는가? 그저 자신이 겪고 삶을 살아오면서 느끼고 깨달은 것을 반추(反芻)해서 정리한 것이다.

본론으로 돌아오면, 사람이 중용을 안다고 말했지만, 중용에 이르기 위한 신독을 실천하지 않아 험지에서 포획되고 우물 속에 빠지게 된다. 그때도 사람은 중용을 안다고 말하겠지만 실상은 고난을 겪고도 모르고 있는 것이다.

오랜 고난 끝에 조금 알아서 실천한다 해도 한 달을 이어 나가지 못한다. 한 달, 얼마나 어떻게 이어 나가야 우리는 체화할 수 있을까?

신독은 결과보다 과정이다

중도라는 극치의 도리를 체화해서 변함없이 쓰는 것은 물론 쉬운 일이 아니다.

그래서 공자는 말했다.

"중용은 지극하기에, 오래할 수 있는 이가 드물다.(中庸 其至矣乎 民鮮能久矣)" 천명 같은 중용은 지극히 작은 시간, 지극히 미세한 공간까지 미치는 것이니 지극한 극치의 도리인 것이며, 그렇기에 한결같이 할 수 있는 이는 드물다고 했다.

이유는 도를 안다고 자부하는 이는 지나치기 쉽고, 어리석은 자는 미치지 못하기 때문이다.

그래서 공자는 말했다.

도가 행해지지 않는 이유를 나는 알고 있다. 아는 자는 넘치고, 어리석은 자는 부족하다. 도가 밝혀지지 않는 이유를 나는 알고 있다. 현명한 자는 지나치고, 불초한 자는 미치지 못하기 때문이다.

◇◇◇◇◇◇◇◇◇◇◇◇◇

子曰 道之不行也 我知之矣 知者過之 愚者不及也 道之不明也 我知之矣 賢者過之 不肖者不及也

조금 아는 자는 자신의 의지에 따라서 모든 것을 통제 간섭해 작위적으로 도달하려고 하기 때문이다. 무엇인가 도를 알았다고 생각하는 순간 누구든 그 정해진 무엇인가에 집착해 흐름을 따라 자연스러워

258

지지 못한다. 그것이 지나치는 것, 넘치는 것이다.

도를 밝히려는 자가 무엇인가가 조금 보인다 싶으면 이내 아만(我慢. 나 자신만 출중하다는 거만한 마음)이 나타나 하나의 경계에 집착하게 된다. 넘쳐버리는 것이다.

어리석은 자는 알지 못하는 자이니 어두워서 도에 이르지 못한다. 도란 밝게 알아야 한다. 그래서 밝히는 작업을 해야 하는데, 밝히는 작업을 할 수 없어 어두운 상태 무지몽매한 상태로 남아 있게 된다. 『대학』에서 말했듯, 명덕이 있는데도 명명덕(明明德)을 하지 못하는 것이다. 명덕(明德) 앞의 명(明)은 밝힌다는 능동적 행위로서의 명이다.

어떻게 밝힐 것인가?

미친 듯 뛰어다니는 마음을 붙잡아야 한다. 그것이 명명덕이다. 마음이라는 미친 원숭이를 붙잡지 않으면 제멋대로 돌아다니며 세상과 사람을 흉내 내기를 멈추지 않을 것이다.

그것은 우리를 영영 비슷하나 진짜가 아닌 사이비(似而非) 인생을 살게 만들 것이다. 그리고 죽을 때에, 관에 못이 박힐 때에 우리는 후회와 한을 품고 있을 것이다.

마음은 어디로 뛰어다니는가? 미래로 뛰어가고 과거로 뛰어다닌다. 바라는 것에 연연하고, 이루려고 집착하고, 지나온 일에 후회하고 자책한다. 훈련받은 욕망으로 실체를 볼 수 없게 되니 실체를 흉내 내는 삶을 살게 된다. 맑고 깨끗한 존재로 현재에 집중하지 못한다. 즉, 시중(時中)하지 못하는 것이다.

지금을 살지 못하는 것, 여기에 대한 성현들의 통찰로 내세운 지혜가 중용의 시중이니 때에 맞춰 올바름을 얻는 것, 그것이 바로 절기(節

氣, 본래 24절기를 말하는데 여기선 시기별로 다른 기운의 흐름)의 도, 절도(節度)다.

무지몽매해서도 안 되고 거만해서도 안 된다. 밝은 덕을 밝히고 알았으면 무엇인가에 도달하겠다는 인위적인 마음도 비우고, 절기에 따라 농사를 짓듯 매일 주어지는 과정에 충실하면 된다. 그러면 어느 순간 천지와 합일하는 혹은 접속하는, 연결되는 성(誠)의 상태를 경험하게 될 것이니 따로 말로 설명할 필요조차 없는 것이다.

인위적 중용을 버려라

어떻게 중용을 잘 할 수 있는가? 공자가 오래할 수 있는 이가 드물다고 한 것은 중용을 상태로 접근하기 때문이다. 중용은 태도로만 접근해야 한다. 중용을 상태라고 파악한 인위적 접근은 형용 모순이지만 현자의 어리석음을 낳는다. 중용은 상태가 아니라 태도라는 것을 알아야 한다. 결과가 아닌 과정인 것이다.

중용을 상태로 접근하는 것은 어떤 것인가? 공자는 이런 말을 한 적이 있다.

순임금은 큰 지혜를 가진 분이 아니겠는가? 묻기를 좋아하고, 널리 듣는 것을 좋아했다. 악은 감추도록 하고, 선을 펼치도록 했다. 양극단을 잡아서, 중도를 베풀었다. 이러했으므로 순임금이 된 것이다.

◇◇◇◇◇◇◇◇◇◇◇◇

子曰 舜其大知也與? 舜好問而好察邇言 隱惡而揚善 執其兩端 用其中

260

於民 其斯以 爲舜乎

집기양단 용기중(執其兩端 用其中), 양극단을 잡아서 그 중간을 쓴다. 이것은 기계적인 중위값으로 오해될 소지가 있다. 기계적 중용은 중용을 하나의 정해진 상태가 있다고 본다. 공자는 실제 삶에서는 자연스럽게 시중(時中)을 잘 행한 실천적 성현이었으니 공자의 뜻은 아닐 수 있지만, 오해의 소지가 있으니 설명하려고 한다. 시시때때로 중용은 달라지기에 시중이란 말이 있는 것이다.

우리는 오직 온갖 상처와 욕망으로 인해 얼룩진, 닫힌 마음의 문을 공(空)하게 만드는 것으로 중용에 도달할 수 있다. 즉 마음의 문을 여는 태도를 통해서만 중용에 도달할 수 있다.

겨울과 여름이라는 양극단을 잡아서 봄이나 가을만 있는 것이 인생이 아니다. 어중간한 길이와 두께의 옷 한 벌을 1년 내내 입는 것은 중용이 아니다.

겨울에는 극단적으로 두터운 옷을 입는 것이 중용이고, 여름에는 극단적으로 가벼운 옷을 입는 것이 중용이다.

중용은 양극단을 잡은 후에 기계적 중위값을 선택하는 것이 아니다.

중용을 집기양단 용기중이라고 파악하고 애써 지키려고 하면 공자가 말한 한 달이 아니라 일주일도 지키기 어렵다.

양단을 파악하고 중간을 찾아서 이어가려는 인위적 노력은 사람을 중위값의 감옥에 갇힌 것처럼 고통스럽게 한다.

공자는 이런 말도 했다.

천하 국가를 고르게 하고 작록을 사양할 수 있고 빛나는 칼날 위도 건널 수 있지만, 중용은 불가능한 것이다.

◇◇◇◇◇◇◇◇◇◇◇◇

天下國家 可均也 爵祿 可辭也 白刃 可蹈也 中庸 不可能也

아마 중용에 이르는 과정, 수신이 쉬운 일이 아니라는 것을 강조하고자 했을 것이다. 하지만 중용은 인위적이고 고통스럽기만 한 것이 아니라 물 흐르듯 자연스러운 것이다. 진리가 고통스러운 것이라면 진리가 아니다. 다만 병든 마음을 바로잡는 데는 일정한 과정을 감수해야 할 것이다. 비우고 새롭게 하는 작업을 통해 자연스러운 본성을 되찾는 절차가 필요하다.

어떤 사람에게는 매운 음식이 중용이고, 어떤 사람에게는 싱거운 음식이 중용이다. 샤워를 할 때 어떤 사람은 시원한 물이 중용이고, 어떤 사람에게는 뜨거운 물이 중용이다.

다만 우리는 얼룩이 낀 안경처럼, 인식 도구가 훼손되었기 때문에 우리가 진정으로 원하는 것이 무엇인지 모른 채 살아간다.

그래서 명명덕의 태도가 필요하다. 그것이 신독이다.

신독으로 중용에 이르는 것은 칼 구스타프 융이 말한 니르드반드바에 도달하는 것이다. 이것은 양쪽으로부터의 자유인데, 중위값이 아니라 양단이 합일된 것이다. 키에르케고르는 진리는 역설이라고 했다. 서로 상반되고, 모순되고, 상대되는 양쪽을 합친 것이다. 본성을 『역경(易經)』의 맥락과 연결하면 태극(太極)이고, 태극은 음양(陰陽)이 합일되어 있는 것이다. 양쪽이 합일되어 있어야 양쪽으로부터 자유로울 수 있고 시중(侍中)할 수 있으니 지극하게 현재에 존재할 수 있는, 현존(現存)할 수 있는 것이다.

신독을 오랫동안 행하다 보면 어느 순간 마음은 어떤 시점이나 어떤 공간으로도 달려가지 않는다.

어디에도 의지하지 않고, 어디에도 치우치지 않고, 오직 내 마음의 상앗대로 한결같음을 유지한다. 신독을 실천하는 이는 위대한 본성으로 거듭나 만사에 대응한다. 본성의 숨결이 담긴 모든 일상은 찰나라 할지라도 영속하는 진리와 하나다. 그에게는 천국이나 피안이 따로 필요하지 않다. 그는 저세상에서도 오직 한결같은 지금으로, 한결같은 성(誠)으로 존재할 뿐이다.

모든 것을 알 수는 없다

중용이 어렵게 느껴지는 것은 자칫 양극단 중 중간을 찾기 위해 만사 소소한 것까지 모두 알아야 한다고 착각하기 때문이다. 격물치지(格物致知)에 관한 오해와도 통한다. 격물치지에 대한 오해는 만물의 도리를 모두 깨쳐야 성의정심(誠意正心)하고 수신제가치국평천하(修身齊家治國平天下)할 수 있다는 것이다. 세상에 어느 누가 있어 생이지지(生而知之, 날 때부터 안다, 배우지 않아도 안다)로 혹은 일생을 탐구해서 만물의 이치를 모두 알 것이며, 또 그 만물의 이치를 알아 중을 찾아낼 수 있을까?

만물을 모두 살피지 않아도 살아가면서 각자 겪게 되는 경험을 통해서도 우리는 본성을 찾아가는 도리에 대해 알 수 있다.

만물의 이치라는 것 자체가 특정한 상태를 상정(想定)하거나, 끝없는 지적인 탐구 활동을 통해서 얻어지는 것이 아니라 삶에 대한 태도를 통해서 매 순간 새롭게 깨치는 것이다.

『중용』은 말한다.

군자의 도는 크게 드러나 있고, 은미하게 숨어 있는 것이다.

범인의 어리석음으로도 알 수 있으나, 그 지극함에 이르러서는 성인이라도 알 수 없는 것이 있다. 부부가 비록 불초하나 행할 수 있고, 지극함에 이르면 성인일지라도 할 수 없는 바가 있다.

천지가 광대하더라도 사람에게는 부족하게 느껴질 수 있다.

따라서 군자가 크다는 것을 말할 때는 천하도 싣지 못하는 것이고, 작다는 것을 말할 때는 쪼갤 수 없는 것을 말한다.

◇◇◇◇◇◇◇◇◇◇◇◇

君子之道 費而隱 夫婦之愚 可以與知焉 及其至也 雖聖人 亦有所不知焉 夫婦之不肖 可以能行焉 及其之也 雖聖人 亦有所不能焉 天地之大也 人 猶有所憾 故君子語大 天下莫能載焉 語小 天下莫能破焉

『대학』과 『중용』에서 도를 말할 때 미세하다, 은미하다는 것은 숨어 있다는 것이다. 작다는 의미라기보다는 눈에 보이지 않는 것이다. 눈에 보이지 않는 것이니 찾아내려면 노력을 해야 한다. 물리적인 눈이 아니라 마음의 눈으로 보아야 한다.

천지가 광대하더라도 사람이 부족하게 느낀다는 것 이후의 말씀은 하늘과 땅보다 큰 이치가 도고, 쪼갤 수 없는 작은 곳까지 미치는 것이 도라는 말이다.

그 도는 광대하고 잘 드러나 있어서 범인도 알 수 있지만, 지극한 바는 성인도 알 수 없다 했는데 지극한 바를 격물치지로 모두 알려고 하면 결코 알 수 없는 것이다. 지극한 바는 오직 신독의 경건함으로 도달할 수 있다.

부부가 행할 수 있고 성인은 행할 수 없다는 말에 답이 있는데 고전의 오랜 비유를 통해 잘 알 수 있다.

남녀가 만나 결혼을 하고 첫아이를 낳아서 기를 때, 첫아이를 이전에 길러본 경험이 있는 것이 아니다. 특별한 경우가 아니라면 육아와 이치에 대해 시험을 치거나 해박하게 공부를 하고 결혼을 하고 아이를 낳은 것이 아니다. 공부를 많이 해도 미세한 것까지 다 알 수는 없다.

철학과나 천문학과 대학교수처럼 인간과 우주의 이치에 대해서 잘 안다고 자부하는 사람일지라도, 결혼해서 아이를 낳아 기르다 보면 당황스러울 때가 많다. 영적 지도자도 마찬가지다. 하지만 아이를 낳아 기르는 일은 일개 필부필부(匹夫匹婦, 평범한 남녀)라도 모두 해내는 일이다. 유구한 역사 이래로 숱한 부부들이 아이를 무리 없이 잘 키워내고 어른으로 만드는 것은 지극정성으로 그렇게 하기 때문이다.

신독은 차례를 지낼 때 조상신이 곁에 내려온 것처럼 경건하게 함이요, 그 경건함은 지성스러운 것이다. 매사를 지성으로 하면 도에 어긋날 일이 없다. 만물의 이치는 배워서 아는 것이 아니라 지성으로 도달하는 것이다. 만물의 이치를 다 알 수도 없지만, 생각한 대로 되는 것도 아니다. 작은 것 하나하나까지 내 뜻대로 되기를 바라면 실망만 가득할 것이다. 인위적으로 바꾸려면 사람과 세상과 불화만 일으킬 것이다. 오직 태도를 가다듬어야 한다. 그것이 신독이다.

신독이 재화가 되다

세속적인 결과를 너무 걱정하지 말고 지금을 정성스럽게 살면 반드시 길이 열릴 것이다. 그렇게 하다 보면 성공적으로 재화를 만들 수 있고, 재화가 저절로 찾아올 수도 있을 것이다.

경우에 따라 다를 수 있지만, 어떤 이는 재물을 쫓아다녀서 힘겹게 재물을 모으고 어떤 이는 본분에 충실해 덕을 쌓음으로써 재물이 절로 쫓아오게 만든다. 전자는 덕을 잃기 쉬우니 늘 불안하고, 후자는 일시적으로 재물을 잃더라도 언제든 복구할 수 있는 기반이 있다. 군자는 늘 후자의 길을 간다. 덕의 출발점은 삼감이다.

『대학』은 말한다.

"군자는 삼가는 것으로 덕을 삼는다. 덕이 있으면 사람이 있고, 사람이 있으면 땅이 있고, 땅이 있으면 재물이 있고, 재물이 있으면 활용함이 있다.(君子先愼乎德 有德此有人 有人此有土 有土此有財 有財此有用)"

즉 삼감이 있으면 현실적인 재용(財用)이 있다.

삼감은 멈춤과도 통한다. 선에 멈춤을 의심 없이 알면 뜻이 정해지는 바가 되고, 정해지면 고요해지고, 고요해지면 평안해지고, 평안해지면 바르게 사려해 중도의 여러 공덕을 얻는 바가 있다. 삼가고 멈출 줄 알면 덕이 자라고 축적되어 현실적인 재용까지 얻게 된다.

주자는『대학』의 이 글귀를 이렇게 풀이했다.

먼저 삼가는 것이 덕이 된다.

불가불 삼가야 한다. 덕은 곧 밝은 덕을 말한다.

사람을 얻는다는 것은 사람의 무리를 얻는다는 것이다.

땅을 얻는다는 것은 나라를 얻는 것이다.

나라가 있으면 재용이 없음을 걱정하지 않는다.

◇◇◇◇◇◇◇◇◇◇◇◇◇

先謹乎德 承上文不可不謹而言 德卽所謂明德 有人謂得衆 有土謂得國

有國則不患無財用矣

　밝은 덕은『대학』의 삼강령(명명덕, 신민, 지어지선) 중 명명덕의 명덕을
말하는 것이다.

　비록 이 이야기는 한 나라의 군주에 해당하는 것이지만 개인에게
도 적용할 수 있다.

　한 사람도 삼가는 것이 곧 덕임을 알아서 반드시 삼가야 한다. 신독
으로 얻는 덕은 밝은 덕이다. 이 밝은 덕으로 사람을 얻게 되고, 그것
으로 자신의 주위와 연결해 한 국가와 마찬가지 방식으로 일가(一家)
를 이룰 수 있는 것이다. 일가를 이루면 여러 재능과 실력, 물질 같은
유무형의 기반을 얻는 것이다. 그렇게 되면 미리 재물을 걱정하지 않
아도 자연스럽게 재화가 몰려드는 것이다.

　맹자는 항산(恒産)이 없으면 항심(恒心)이 없다고 했는데, 항신(恒愼)
이 있으면 항산이 있다. 공자가 말했듯 덕불고필유린(德不孤必有隣)이

다. 덕이 있으면 반드시 외롭지 않으니, 사람이 덕 있는 사람을 중심으로 대지에 모여들어 개척을 하면 재화가 생겨난다. 항신(恒愼)이 있으면 변함없는 중용의 덕이 생겨난다. 이 덕이 생겨남으로써 모든 일을 할 수 있는, 정신적·물질적 기반과 사람을 얻게 되며, 종국에는 다양하게 활용할 수 있는 최종적인 재화까지 얻을 수 있는 것이다.

따라서 군자는 오늘 하루 지금의 태도를 염려하지 재물을 염려하지 않는다. 그 태도는 덕을 이루는 삼감이다. 삼감은 거두어들여서 비우고, 혼자 있을 때나 같이 있을 때나 한결같음으로, 지금 여기를 정성스럽게 하는 것이다. 그것이 신독(愼獨)이니 홀로 있는 곳과 마음을 참되게 하는 것이다.

실천이 요체다

주자는 말했다.

무릇 성인의 문하에서 배우는 자들은 하나의 구절에 대해 물었을 때, 성인이 그 구절에 대해 답을 해주면 장차 그것을 갖고 돌아가 반드시 실제로 행하려고 했다. 그런데 지금은 말만 무성할 뿐이지 자신의 몸으로 실천하려고 하지 않는다. 만약 실질적으로 행하는 공부를 한다면 경이직내 의이방외(敬以直內, 義以方外) 이 여덟 글자를 일생 활용해도 다함이 없을 것이다.

◇◇◇◇◇◇◇◇◇◇◇◇◇◇

聖門學者問一句 聖人答他一句 便領略將去 實是要行 如今說得儘多 只
是不曾將身已做 若實把做工夫 只是敬以直內義以方外 八箇字 一生用
之不窮

정성스러운 마음으로 삼가서 천리를 따라 밝은 기운으로 살고, 세
상을 살아가면서 분수에 맞게 처신하고, 다른 사람도 그렇게 할 수 있
도록 돕는 일은 평생을 활용할 수 있는 일이다. 다만 실천을 빼놓으면
좋은 글 봤네 하고 끝나는 일이요, 평생 실천하려 한다면 내 삶을 바
꿔놓고 힘이 되는 무궁한 지침이 될 것이다. 실시요행(實是要行, 실천적으
로 행함)을 언제나 잊지 말아야 한다.

공부를 예로 들면, 오만한 사람은 남들보다 적게 공부하고 큰 성과
를 바란다. 하지만 군자는 그렇지 않다. 『중용』은 성을 공부에 적용시
킬 때 어떻게 해야 하는지 이렇게 말했다.

배우지 않는다면 모르겠지만 배운다면 능숙해질 때까지 그만두지 않
고, 묻지 않으면 모를까 묻는다면 알 때까지 그만두지 않고, 생각하지
않으면 모를까 생각한다면 얻을 때까지 그만두지 않고, 판별하지 않
으면 모를까 판별한다면 분명해질 때까지 그만두지 않고, 행하지 않
으면 모를까 행한다면 독실할 때까지 그만두지 않는다. 사람이 한 번
으로 그렇게 한다면 나는 100번을 하고, 10번으로 제대로 한다면 나
는 1,000번으로 한다.

◇◇◇◇◇◇◇◇◇◇◇◇

有弗學 學之 弗能 弗措也 有弗問 問之 弗知 弗措也 有弗思 思之 弗得

弗措也 有 弗辨 辨之 弗明 弗措也 有弗行 行之 弗篤 弗措也 人一能之
己百之 人十能之 己千之

도학이든 어떤 공부든 내가 남들보다 낫다고 자만하지 말고 완전
히 내 것이 될 때까지 100번 아니 1,000번이라도 실천할 생각을 해야
한다. 신독도 마찬가지다. 겸허한 마음으로 오랫동안 실천해 체화되
는 경험을 해야 한다.

경험하지 않으면 알지 못한 것이다

정자는 말했다.

(수신으로) 얻음과 얻지 못함에 대해 알고자 한다면, 심기(心氣)로 징험
하느냐에 달린 것이다. 사려가 얻음이 있다는 것은, 중심(中心)에 크나
큰 기쁨이 있으면서 패연(沛然)하고 여유가 있는 것이다. 그것은 실질
적으로 얻은 것이고, 사려해 얻는 과정에서 심기가 소모되는 자는 실
제로 얻지 못한 것이니 억지로 헤아린 것에 불과하다.

◇◇◇◇◇◇◇◇◇◇◇◇

欲知得與不得 於心氣上驗之 思慮有得 中心悅豫 沛然有裕者 實得也 思
慮有得 心氣勞耗者 實未得也 强揣度耳

머릿속으로만 이해하려고 들어 지치거나 무리하게 서둘러서 심기

만 손상된 것은 제대로 얻은 것이 아니다. 신독을 통해서 얻게 되는 것은 몸과 마음이 모두 변화를 일으켜야 한다. 『대학』의 심광체반(心廣體胖)에서도 이것을 알 수 있다.

"부유함은 집을 윤택하게 하고, 덕은 자신을 윤택하게 한다. 마음이 넓어지고 몸이 반듯해지는 것이다. 따라서 군자는 반드시 그 뜻을 정성스럽게 한다.(富潤屋 德潤身 心廣體胖 故君子 必誠其意)"

마음이 광활해지고 몸과 어깨가 펴지면서 여유가 생기고, 마음에는 열락(悅樂, 기뻐하고 즐거워함, 유한한 욕구를 넘어선 즐거움) 같은 기쁨이 차오르는 경험을 해야 신독했다고 할 수 있다.

신독을 실천하고 변화를 경험하는 대표 예를 들어보겠다.

북송 시대의 학자이자 관리인 충정공(忠定公) 유안세(劉安世)는 사마광(司馬光)에게서 수학하고, 소강절과 이정자의 학문을 이어갔으며 청렴결백하고 직간을 잘 하는 강직한 사람으로 유명했다.

어느 날 유안세가 사마광을 만나 물었다.

"마음을 다해 몸으로 행하는 요체로 일생 실천해야 할 것은 무엇입니까?" 사마광이 답하기를, "그것은 성(誠)이다." 다시 묻기를 "그것을 행하려면 먼저 어떻게 해야 합니까?" 공이 다시 답하기를 "망령된 말을 하지 않는 것부터 시작한다."

처음에 유충정공이 그 말을 듣고 생각하기를 간단하다고 여겼다. 물러나 스스로 매일 말하는 바를 법도에 맞는지 단속해보았더니, 사리에 어긋나고 모순되는 것들이 많았다. 말을 삼가기를 7년을 공들인 후에야 이룰 수 있었다. 여기부터 언행이 일치가 되고, 표리가 서로 상응하게 되었다. 일을 만나면 평탄하고 늘 여유가 생겼다.

◇◇◇◇◇◇◇◇◇◇◇◇◇◇

劉忠定公見溫公 問盡心行己之要 可以終身行之者 公曰 其誠乎 又問行

之何先 公曰 自不妄語始 劉初甚易之 及退而自櫽括日之所行 與凡所言

自相掣肘矛盾者多矣 力行七年而後成 自此言行一致 表裏相應 遇事坦

然 常有餘裕

정성스러움을 실천하는 대표 방법 중 하나로 망령된 말을 하지 않는
것, 말을 삼가는 것을 유충정공은 7년에 걸쳐 충실히 실천해 얻었다.

겉과 속이 같고 언행이 일치되어 한결같음을 얻었다. 그래서 어떤
일을 만나도 마음이 평탄하고 여유가 생겼으니, 그 누가 이러한 경지
에 쉽게 다가갈 수 있을까?

그것은 오직 실천으로만 가능한 것이니 신독을 실천했을 때는 반
드시 얻는 바가 있다. 힘써 실천하지 않고 생각으로 헤아리기만 하면
기력이 소모되지만 유충정공처럼 오랫동안 갈고닦으면 삶 전체가 바
뀌는 것이다. 신독의 지혜가 아무리 훌륭해도, 아는 것만으로는 부족
하다. 경험하지 못했다면 제대로 안 것이라고 할 수도 없다. 어떻게든
실용기력(實用其力)해서 삶의 변화를 몸소 체험하도록 해야 한다.

긴 글을 지금까지 읽어주신 데 대해 여러분께 진심을 다해 감사함
을 전한다.

살아지는 대로 살다 보면 어느새 늙고 병들어 있다. 철들면 노망이
라고 순식간에 지나온 세월들을 보건대 곧 죽음이 코앞에 있을 것이다.

가까운 친척 동생이 바둑 아마 1단인 아버지의 유전자를 받아서인지 서너 살부터 바둑을 좋아해 끼니도 잊고 바둑 방송을 시청하고 아버지와 대국을 했다. 탁월한 재능이 있었고, 곧 무엇인가 대단한 일을 이룰 것만 같았다. 학교도 제대로 다니지 않고, 기원(棋院)에서 먹고 자곤 했다.

하지만 만화 『미생』에서처럼 천재적인 재능이 있었지만, 그는 결국 바둑계에서 성공하지 못했고 일반인들처럼 학교를 다니고 취업 경쟁을 해야 하는 사회로 돌아와야만 했다. 그 동생이 스승께 가장 많이 받은 지적이 손 가는 대로 두지 말라는 것이었다. 재능은 뛰어났지만 참을성이 부족하고, 자신의 천재성만 믿고 쉽게 바둑을 두었던 것이다.

친척 동생은 내 지도로 철학과로 진학했고, 지금 철학 박사 과정을 끝내고 교육자의 길을 향해 걸어가고 있다. 힘든 시간이 많았겠지만 지난 시절의 실패를 손 가는 대로 살지 않고, 질문하고 깨어 있는 삶의 길로 전환하는 계기로 삼기를 바란다.

독자 여러분도 이 책을 통해서 삶의 새로운 전기(轉機)를 마련할 수 있다면, 혹은 잠깐이라도 가던 길을 멈추고 더 나은 삶의 양식에 대해서 고민하는 시간을 가져보았다면 그것으로 이 책의 목적을 이룬 셈이다.

신독

홀로 온전해지는 삶의 기술

1판 1쇄 인쇄 2018년 10월 18일
1판 1쇄 발행 2018년 10월 25일

지은이 장경

펴낸이 최준석
펴낸곳 한스컨텐츠㈜
주소 서울시 마포구 동교로 136, 401호
전화 070-5117-2318 팩스 02-2179-8103
출판신고번호 제313-2004-000096호 신고일자 2004년 4월 21일

ISBN 978-89-92008-79-2 03150

이 도서의 국립중앙도서관 출판예정도서목록(CIP)은 서지정보유통지원시스템 홈페이지(http://seoji.nl.go.kr)와 국가자료공동목록시스템(http://www.nl.go.kr/kolisnet)에서 이용하실 수 있습니다. (CIP제어번호 : CIP2018032900)